50억 벌어
교수직도 던진
최성락 투자법

50억 벌어
교수직도
던진

최성락
투자법

페이퍼로드
paperroad

INVESTMENT
RULES

+24.0

+125 +300 -50 +20

차례

1
비트코인을
모르는 사람은 없다

2

소심한 투자 원칙으로
50억 벌기

3

미국 주식에서 배신은 없다, 배당만 있을 뿐

4 파이어족이 됐다고
다 끝난 건 아니다

5 투자가들끼리만 아는 특급 비밀

투자에는 종착점이 없다

2021년 4월 말, 다니던 회사에 사직서를 냈다. 그리고 사표가 수리되기까지 4개월이 걸렸다. 내가 직장을 그만둔 이유는 단 하나다. 앞으로 직장에서 벌 수 있는 돈이 다 마련되었기 때문이다. 소위 말하는 파이어족이 된 것이다.

그동안 투자와 관련된 책 『나는 자기계발서를 읽고 벤츠를 샀다』와 『나는 카지노에서 투자를 배웠다』를 썼다. 둘 다 경험담으로 2013년에 출간된 『나는 자기계발서를 읽고 벤츠를 샀다』는 투자금 1억 원을 모으고 외제차를 산 이야기를 담았다. 이후 투자를 계속해 오면서 나의 순자산은 20억을 넘어섰고, 지금까지 투자에 대한 생각을 정리할 필요성을 느꼈다.

그때 집필한 책이 2018년에 출간된 『나는 카지노에서 투자를 배웠다』이다. 책을 두 권 낸 이후에는 당분간 투자와 관련된 책을 집필하기 어려울 거라 생각했다. 앞으로 투자 관련 책을 내려면 20억 이상의 무언가를 경험해야 하는데, 이는 쉽지 않을 것 같았다. 평범한 월급쟁이와 다를 바 없는 대학교수가 여기서 몇십억을 더 번다는 것은 좀 무리가 아닌가.

그런데 책 출간 이후 불과 3년 만에 자산이 30억이나 더 늘어났다. 순자산 20억으로는 직장을 그만두겠단 생각을 하지 못했다. 그 돈도 적은 돈은 아니지만, 멀쩡히 잘 다니는 직장을 박차고 나올 정도는 아니란 생각이 들었다. 그런데 불과 3년 만에 순자산이 50억에 육박하니 이 정도면 회사를 그만두어도 앞으로 살아가는 데 큰 문제가 없겠단 생각이 들었다. 그 동안 일정 수준 이상의 자산이 충족되면 직장을 그만둬야겠다고 생각했다. 그리고 마침내 그 목표를 이루게 되었다. 이 책에서는 직장을 그만둘 수 있었던 자금이 만들어지는 과정과 막상 직장을 그만두었을 때 겪었던 문제에 대해 이야기 할 것이다.

파이어족이 된 것에 대해 글을 쓰는 건 어렵지 않았다. 하지만 책을 출간하는 건 고민이 되었다. 남들에게 '내가 돈을 얼마큼 벌었어요'라고 말하는 것 자체가 바보 같은 짓이 아닐까. 굳이 타인이 알지 않아도 되는 일에 대해 말하다 보면 인간관계에서 갈등을 겪을 가능성이 커진다. 만약에 내가 경제 전문 유튜브 채널을 운영하거나 블로그에 꾸준히 투자 조언을 기술하는 사람이라면 책이 하나의 홍보 수단이 될 수 있다. 하지만 나는 그런 활동을 전혀 하지 않고, 다른 사람의 돈을 받아서 투자할 생각은 더더욱 없다.

하지만 이렇게 세상에 또 한 권의 책을 내보이게 되었다. 나 역시 지금의 투자 수익으로 직장을 그만두기까지 다른 사람의 경험과 조언이 큰 도움이 되었기 때문이다. 여기서 개인적으로 만난 경우는 거의 없고, 모두 책을 통해서 도움을 받았다. 내게 주식 투자 방법에 대해 알려준 것도 책에서 만난 선행 투자가들이었다. 투자에 성공한 사람들, 투자를 직업으로 하는 이들이 책에서 기술한 경험을 바탕으로 필요한 정보를 얻었다. 이 책에는 스스로 개발하거나 만들어낸 투자 비법은 단 하나도 없다. 모두 어디선가 읽고 들은 방법이다. 그만큼 앞서 성공한 이들의 이야기에서 도움을 얻었다.

나의 투자 방침에 실질적인 도움이 된 것은 투자 기법이나 투자 이론이 아닌 타인의 경험이었다. 그렇기에 나의 경험 역시 누군가에게 도움이 될 수도 있겠다는 생각이 들었다. 물론 책 한 권을 따라 한다고 해서 똑같이 큰 이익을 얻을 순 없을 것이다. 무엇보다 난 애초에 성공하는 투자의 원칙은 갖고 있지도 않다. 하지만 내가 어떤 생각으로 비트코인과 주식을 샀는지, 또 어떤 생각으로 판매까지 했는지 상세하게 기술했다. 이는 하나의 예시 정도는 될 수 있을 것이다. 또 파이어족을 꿈꾸는 이들에게 몇 가지 팁을 전달할 수 있지 않을까 싶다.

투자 수익으로 직장까지 그만두었지만, 지금이 나의 투자 여정의 종착점은 아니다. 직장에서의 은퇴는 있어도, 투자에는 종착점이랄 게 없다. 나는 아직도 투자의 길목에 서 있다. 앞으로 투자와 관련해 어떤 일이 벌어질지 예측할 수 없다. 언제 큰돈을 잃을지도 모르고, 또 지금보다 더 큰 자산을 벌 수도 있다. 당장 3년 전만 해도 지금의 직장을 그만둘 수 있을 거라 상상도 하지 못했다. 앞으로 어떤 길이 펼쳐질지 알 수 없다. 하지만 지금껏 내가 걸어온 길만은 분명하다. 이 책이 투자의 길을 가고자 하는 이들에게 작은 도움이 될 수 있길 바란다.

1장 비트코인을 모르는 사람은 없다

비트코인, 책으로 배웠습니다만

우리나라에 비트코인이 처음 소개된 당시만 해도 이 개념은 IT 전문가 사이에서만 알려져 있었다. 서로 비트코인을 선물하고 나눠 갖는 등 지금의 비트코인 개념을 응용하기 시작한 것이다. 하지만 신기술에 대해 전혀 알지 못했던 나는, 비트코인에 대해서는 더더욱 알만한 기회가 없었다. 언론에 보도된 비트코인과 블록체인 화폐의 이름만 아는 수준이었다. 나처럼 비트코인에 대해 전혀 모르는 사람들에게도 가상 화폐가 유명해진 계기가 있었으니 바로 비트코인으로 피자를 사 먹었다는 일화다.

비트코인 피자 데이

2010년 5월 22일, 미국 플로리다에 사는 라스즐로 핸예츠는 비트코인으로 물건을 구매할 수 있을지 궁금했다. 그는 인터넷에 1만 비트코인으로 피자 두 판을 사겠다는 글을 올렸고, 이 글을 본 어떤 사람이 피자를 사서 핸예츠에게 배달했다. 그는 핸예츠로부터 피자값으로 1만 비트코인을 받았다. 당시 이 에피소드는 비트코인으로 물건을 살 수 있다는 것에 화제가 되었다.

오늘날, 이 에피소드는 비트코인으로 피자를 샀다는 것보다 피자 두 판에 '1만 비트코인'을 지불했다는 거로 더 유명하다. 비트코인이 천만 원이라면 1만 비트코인은 1,000억 원이다. 결국 핸예츠는 1,000억 원에 피자 두 판을 사 먹은 것이다. 2021년 3월 17일 기준 비트코인은 6,500만 원이었으니 그는 피자 두 판에 6,500억 원을 지불한 것이다.

본격적으로 비트코인을 사야겠다고 결심한 것은 서점에서 비트코인 책을 발견하고 나서부터였다. 나는 지금도 일주일에 한 번 정도 교보문고나 영풍문고 같은 대형 서점에 방문한다. 특별히 살 책이 없어도 습관적으로 들른다. 서울뿐만 아니라 지방이나 외국에 나갈 때도 그렇다. 서점에 가면 가장 먼저 신간 매대로 간다. 2013년 경제경영 코너에서 『넥스트 머니 비트코인』이라는 책을 발견했다. 국내에 출간된 도서 중에서는 비트코인에 대해 처음으로 기술한 책이었다. 그 이후에 읽은 책이 『비트코인 쉽게 배우기』였다. 당시만 해도 눈에 띄는 비트코인 관련 도서는 1년에 한두 권 정도였다.

그동안 비트코인을 다룬 기사를 접했다 해도, 이는 책으로 얻는 지식과는 상당한 차이가 있었다. 수십 개의 기사를 다양한 매체에서 접하는 것과 300페이지 분량의 책으로 읽는 건 확연히 달랐다. 이날 서점에서 비트코인 책을 읽고 처음으로 비트코인을 사야겠다고 결심했다.

전 세계에 한정판으로 나온 상품

문과생인 나는 컴퓨터 프로그램에 대해서 문외한이다. 비트코인의 기반이 되는 암호 기술에 대해서는 전혀 알지 못한다. 다들 블록체인이 미래를 바꿀 중요한 기술이라는데 그 이유 역시 모르겠다. 하지만 비트코인에는 분명한 사실이 하나 있다. 바로 공급량이 2,100만 개로 고정되어 있다는 점이다. 비트코인은 처음 설계될 때부터 개수가 정해져 있었다. 비트코인은 관리자가 따로 없기 때문에 고정된 숫자를 함부로 조정하는 것 역시 불가능하다. 내가 비트코인 투자를 결심한 이유 역시 비트코인 공급량이 고정되어 있기 때문이었다. 경제학에서는 누구든지 인정할 수밖에 없는 절대 불변의 명제가 하나 있다.

'가격은 수요와 공급에 의해 결정된다.' 아무리 학파에 따라 다른 주장을 펼치는 경제학일지라도 수요가 증가하면 가격이 상승하고, 공급이 증가하면 가격이 하락한다는 진리만큼은 변하지 않는다.

투자는 앞으로 가치가 오를 자산을 골라내는 작업이다. 그렇다면 수요가 증가하고 공급이 감소하는 제품의 가격이 오른다. 수요가 증가할 때 공급이 더 증가하는 제품은 아무리 수요가 증가하더라도 가격은 내려간다. 컴퓨터나 스마트폰이 수요가 급증했음에도 가격이 급락하는 이유는 공급도 함께 증가했기 때문이다. 다른 공산품들은 가격이 계속 내려가는데 자동차 가격이 내려가지 않는 이유는 수요만큼 공급이 잘 이루어지지 못해서다. 그렇다면 앞으로 어떤 물건이나 산업의 가격이 오를까. 수요가 증가하고 공급이 감소하는 제품의 가격이 오른다는 건 자명한 사실이다. 일상에서 널리 쓰이는 공산품의 가격은 점점 내려가고 명품이나 외제차의 가격이 계속해서 오르는 이유는, 상품을 원하는 사람은 많은데 막상 공급이 따라주지 않기 때문이다.

이처럼 주식 가격이 오르면 많은 회사가 유상증자한다. 즉, 주식을 더 많이 발행하는 것이다. 공급이 늘어나니 주식의 가치는 떨어진다. 아무리 공급량이 고정되어 있다고 해도, 필요하면 공급은 계속해서 늘어날 수 있다. 나는 주식 투자를 하면서 이 유상증자에 몇 번이고 당했다. 처음에는 사업 환경과 실적이 좋은 회사를 발견해 주식을 샀다. 실제로 기업 이익이 증가했고, 주식 가격 역시 올랐다. 그런데 그 순간, 기업이 유상증자 발표를 한다. 지금 주식이 5만 원인데, 주식을 더 발행해서 20%나 더 저렴한 가격에 팔겠다고 공시한다. 그때부터 주가는 폭락한다. 주식 수가 증가하면 가격은 내려갈 수밖에 없다. 이런 과정을 2년 동안 다섯 번이나 겪었으니 국내 주식시장에서 손을 뗄 수밖에 없었다. 이런 상황이 반복되자 아무리 실적이 좋은 회사의 주식을 사도 소용이 없었다. 유상증자로 주식 공급량을 늘리는데 어떻게 할 것인가. 주식을 추천하는 이들은 기업 실적을 주식 전망의 근거로 삼는다. 하지만 그보다 중요한 것은 해당 기업이 유상증자할 것인지 아닌지를 아는 것이다. 기업이 유상증자한다면, 아무리 기업 실적이 좋아도 주가 상승에는 한계가 있다.

그러나 비트코인의 공급량은 2,100만 개로 고정되어 있다. 절대로 그 이상으로 생산되지 않는다. 공급량이 고정일 때 수요-공급 곡선은 아래와 같다. 공급 곡선이 수직이다. 이러면 가격은 수요량에 의해서 영향을 받는다. 수요가 D1⇨D2로 오르면 가격도 P1⇨P2로 증가한다. 수요가 D1⇨D3으로 떨어지면 가격도 P1⇨P3으로 하락한다. 공급은 가격에 영향을 미치지 못한다.

우리가 사는 사회에서는 공급량이 고정된 것을 찾기가 어렵다. 아예 수요가 없는 상품에는 공급이 없을 수는 있지만, 수요가 증가하면 반드시 공급도 증가한다. 그런데 비트코인이라는 공급량이 고정된 상품이 나타난 것이다. 나는 비트코인이야말로 앞으로 반드시 가치가 오를 거라 확신했고, 그 자체를 투자 대상으로 삼게 되었다.

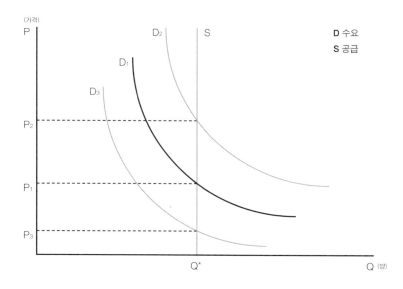

그림 1 ○ 공급량 고정 시 가격 변화

결국 비트코인은 폭등할 수밖에 없다

비트코인의 공급량은 2,100만 개로 고정되어 있다. 시장 가격은 수요에 의해서 결정된다. 만약 비트코인에 대한 수요, 비트코인을 원하는 사람이 2,100만 명 이하라면 비트코인의 가치는 떨어질 것이다. 비트코인 수요가 1,000만 개 정도밖에 안된다면 이는 아무도 가지려 하지 않는 휴지조각일 뿐이다. 그대신 비트코인 수요가 2,100만 개가 넘으면 비트코인 가격은 급상승할 것이다.

그렇다면 과연 비트코인은 2,100만 개 이상의 수요가 있을까. 2013년, 비트코인에 열광한 이들은 비트코인이 현실 화폐를 대체할 수 있다고 생각했고, 여전히 그 가능성을 열어두

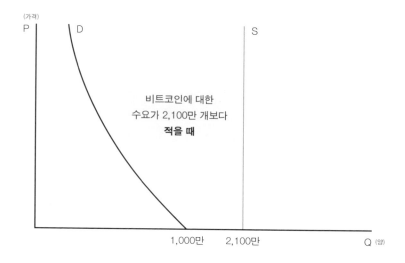

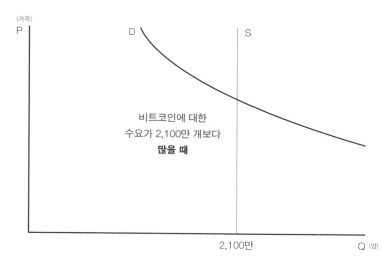

그림 2 ◦ 비트코인 수요·공급 그래프

고 있다. 하지만 나는 비트코인이 중앙은행에서 발행하는 화폐를 대체할 수 있다고 생각하지 않는다. 국가의 주요한 권한은 통화 정책과 재정 정책이다. 즉, 화폐를 발행하고 세금을 거두어들이는 것이다. 비트코인이 화폐를 대체한다는 생각은 결국 국가의 통화 정책 권한을 부정하는 것이나 다름없다. 물론 국가가 화폐 발행권을 포기하는 경우도 있다. 현재 대부분의 유럽 국가는 자신들이 사용하던 프랑, 마르크, 리라와 같은 화폐가 아닌 유럽 중앙은행이 발행하는 유로를 사용하고 있다. EU 소속 국가들은 통화 주권을 포기하는 대신 낮은 금리로 유로를 빌려 쓸 수 있게 되었다. 실제로 북유럽 국가들은 유로를 사용하고 수출이 급증하기도 했다. 그런데 비트코인은 일정한 보상 없이 한 나라의 통화 주권을 빼앗으려고 한다. 이는 국가 권력에 대항하는 것과 다름없기에 비트코인이 현실 화폐를 대체하는 데는 무리가 있다.

온라인 게임 리니지는 캐릭터에 성격을 부여하고 롤플레잉 하는 MMORPG 게임이다. 여기서 아덴이라는 게임머니는 게임 속 가상 세계에서만 가치가 있다. 하지만 리니지 유저들에게 아덴은 현금과 다를 바가 없다. 비트코인도 마찬가지다. 언론에서는 비트코인이 점차 현실 화폐를 대체할 것이라 말하고 이와 관련된 책도 출간되었지만, 그들 중 누구도 비트코인의 실체를 본 적이 없다. 비트코인이 처음 등장한 2013년만 해도 이는 프로그래머들 사이에서 오가는 상품에 불과했다. 그런데 이 가상 화폐는 컴퓨터 프로그래머 사이에서 엄청난 인기를 얻은 건 물론, 연관된 분야에 있지 않은 이들도 비트코인과 블록체인이 미래를 바꿀 것이라며 열광했다. 그런 열띤 분위기 속에서 비트코인은 끊임없이 거래되었다. 이들에게 비트코인은 보유하는 것 자체만으로도 상당한 의미가 있었다. 비트코인을 가진 것만으로도 시대를 앞서나가는 혁신적인 사람이라는 이미지를 얻게 된 것이다.

비트코인은 프로그래머들만이 열광하는 그들만의 리그였다. 내가 정말 비트코인에 빠져들었다면 관련 직업에 종사했을 것이다. 하지만 난 비트코인에 대해 아는 바가 없었다. 중요한 건 비트코인 수요가 2,100개가 넘느냐 아니냐에 달려 있었다. 비트코인에 대한 수요가 최소 2,100만 개는 넘을 것이라는 게 내 생각이었다. 2100만 명이 한 개씩만 비트코인을 가지려고 하면 이미 2,100만 개가 된다. 그런데 비트코인은 국제적인 상품이다. 전 세계 컴퓨터 전문가들이 이 가상 화폐에 열광했고, 관련 분야 사람들도 비트코인에 빠져들었다. 앞서 말했듯이 비트코인의 공급은 2,100만 개로 고정되어 있고, 수요는 이를 반드시 넘어선다. 결국 비트코인 가격은 폭등할 수밖에 없는 구조인 것이다. 나는 책을 덮자마자 비트코인을 사는 방법을 찾아 나섰다.

100년 후에 오를 상품에 투자할 수는 없다

비트코인은 분명 오를 것이다. 하지만 그 이유만으로 투자하기란 어렵다. 오르긴 오르지만 몇십 년 후에 오른다면 별 소용 없는 이야기다. 투자의 원칙은 될 수 있으면 가까운 시일 내에 상품 가치가 상승할 제품에 투자하는 것이다. 장기 투자라고 해서 100년 후에 오를 상품에 투자할 수는 없다. 사후에 오를 거란 기대로 투자할 사람은 없을 것이다. 비트코인은 2009년에 처음 생길 때 10분에 약 50개가 생산되도록 설계되었다. 하루에 약 7,200개가 생산되고 1년에 약 2,628,000개가 공급된다. 그런데 비트코인에는 반감기가 있어서 4년마다 이 생산량이 반으로 줄어든다. 2012년에 처음 반감기에 도달했다. 이때부터는 10분에 25개가 생산되었다. 하루에 약 3,600개, 1년에 약 1,314,000개이다. 향후 반감기와 그에 따른 하루 평균 예상 채굴량은 다음과 같다.

연도	블록 보상	1년 이상 채굴량
2024	3.125	164,250
2028	1.563	82,125
2032	0.781	41,063
2036	0.391	20,531
2040	0.195	10,266

표 2 ∘ 향후 반감기에 따른 하루 평균 예상 채굴량

비트코인은 2140년에 2,099만 9,999개가 되고 생산이 종료된다. 하지만 훨씬 이전부터 하루에 몇백 개 정도만 생산되었다. 2,100만 개 중에서 몇백 개 수준이면 더는 생산되지 않는다고 봐야 한다. 내가 비트코인 책을 처음 읽은 2013년에는 비트코인이 10분에 25개가 생산될 때였다. 이 정도면 충분한 생산량이었다. 공급량이 부족하다고 비트코인 가격이 오를 리는 없다. 2016년에도 반감기에 도달했다. 이때 공급량은 1년에 약 657,000로 공급량이 부족하지는 않았을 것이다.

2020년부터는 1년에 약 328,500개가 그리고 2024년부터는 1년에 약 164,250개 생산되었다. 이 정도 생산이면 거의 고정이라고 봐도 된다. 공급이 늘어나지만, 전체 2,100만 개에서 0.8% 증가일 뿐이다. 공급 곡선이 거의 수직이라 봐도 된다. 비트코인 가격은 이때부터 본격적으로 오를 것이다. 비트코인 가격은 2024년경 폭등할 것이다. 2013년 기준으로 10년 후이다. 지금 사 놓고 10년 동안 묵혀 두면 큰돈이 될 것이다. 2020년대 중반, 앞으로 4년 뒤에 있을 반감기에 비트코인을 그냥 가지고만 있으면 분명 큰 수익을 얻을 거란 생각으로 비트코인을 사기 시작했고 계속 갖고 있었다.

2017년 가을, 비트코인이 폭등했다. 1월에만 해도 100만 원이었던 비트코인이 2017년 11월에는 1,000만 원이 넘었다. 50만 원대에 사서 1,000만 원이 넘었으니 엄청난 수익이었다. 보통 이런 이익을 얻으면 파는 게 일반적이다. 하지만 나는 비트코인 상승기가 아직 오지 않았다고 판단했기에 꽤 많은 수익을 얻었음에도 팔지 않았다. 비트코인을 보유하고 나서 그전에는 알지 못했던 사실 한 가지를 알게 되었다. 비트코인이 반감기 때 가격 상승이 이루어진다는 점이었다. 반감기가 되면 비트코인 공급자의 비용은 두 배로 늘어난다. 똑같이 비트코인 채굴기를 돌려도 생산량이 반으로 줄어든다. 그러면 공급자 입장에서 비용이 두 배가 되는 것이다. 그러니 비트코인 반감기 때 비트코인 가격 역시 두 배 이상 오를 가능성이 크다.

비트코인의 첫 번째 반감기는 2012년이었다. 이때 15만 원이었던 비트코인이 100만 원을 훌쩍 넘었다. 그 이후로 25만 원대까지 폭락하기는 했지만, 반감기 전보다 약 17배나 오른 가격이었다. 반감기가 되었다고 해서 그다음 날 바로 가격이 오르지는 않았다. 하지만 일정 기간 이내에 가격 상승이 이루어졌고, 예상보다 훨씬 더 큰 상승을 맛보게 되었다. 두 번째 반감기는 2016년이었다. 2017년 5월부터 비트코인이 오르기 시작하더니 그해 1월에는 100만 원이었던 비트코인이 12월에는 2,000만 원이 되었다. 그 이후 폭락하긴 했지만, 그래도 1,000만 원이 평균 가격이었다. 세 번째 반감기는 2020년 5월로 이때부터는 비트코인이 본격적으로 오를 것이라 기대했다. 실제로 2021년 1월에 1,000만 원을 웃돌던 비트코인은 3월에 본격적으로 오르기 시작하더니 5월에는 다섯 배나 올라 5,000만 원이 되었다.

나는 2024년 반감기가 지나야 비로소 비트코인 가격이 폭등할 거라 여겼다. 하지만 그전에도 반감기 때마다 비트코인 가격이 폭등하긴 했다. 2021년 4월, 3차 반감기에 의한 비트코인 폭등과 폭락은 아직 진행 중이다. 이 반감기로 인한 효과가 없어지면 비트코인 가격은 상대적으로 안정될 것이고, 앞으로 4년 정도 안정을 유지할 것이다. 그리고 2024년 이후, 아마 2025년경부터 다시 가격이 오를 것이다. 내가 처음에 기대한 비트코인 공급 부족으로 인한 가격 상승은 2025년부터 일 것이다. 이때는 반감기에 의한 가격 상승, 그리고 공급량이 없어서 발생하는 가격 상승이 같이 이루어질 것이다.

비트코인이 오를 때까지 갖고 있겠다는 생각은 이후 비트코인 투자에 큰 영향을 미쳤다. 2017년 비트코인이 1,000만 원을 넘고 몇억 원의 수익이 생겼지만, 그래도 비트코인을 팔 수 없었다. 아무리 봐도 비트코인은 앞으로 더 오를 것 같았다. 지금 수익이 난다고 해서 앞으로 더 오를 거로 예상되는 것을 어떻게 팔 수 있겠나. 2018년 비트코인이 500만 원대로 폭락을 했을 때도 같은 이유로 팔지 않았다. 2025년경에는 지금보다 더 오를 것이라는 기대 때문이었다. 2024년 반감기에 의한 가격 변동을 겪으면, 그때에나 비트코인에서 손을 떼야 할지 여부를 고려할 것이다.

비트코인, 못해도 최소 천만 원은 간다

비트코인은 앞으로 분명 오를 것이다. 2024년, 4번째 반감기 이후에는 비트코인이 거의 공급되지 않는다. 그때가 되면 비트코인 가격은 분명 상승할 것이다. 그런데 그게 어느 정도 수준일까? 50%? 100%? 아니면 5~6배 이상 오르는 것도 가능할까? 어느 정도 오를 것인지에 대한 판단은 투자에서 굉장히 중요하다. 주식이 오르긴 하지만 1년에 5% 정도 오를 것이라면 그 주식을 사지 않는다. 못해도 1년에 20%는 오를 것이라고 예상해야 투자를 할 수 있다. 물론 1년에 20% 오른다고 해서 실제로 오르는 것은 아니다. 20% 상승을 예상했는데 5%만 오를 수도 있다. 오히려 떨어질 수도 있다. 하지만 처음에 투자할 때는 20% 정도의 수익은 예상하고 해야 한다. 처음부터 5% 오를 것을 예상하면서 투자할 수는 없다.

비트코인을 처음 샀을 때부터 최소 10년은 갖고 있어야 한다고 생각했다. 그러려면 최소 다섯 배는 올라야 했다. 한번 계산해 보자. 비트코인을 화폐로 사용할 수 있다고 치자. 만약 한국이 비트코인을 사용한다면 어떻게 될까? 한국에서 비트코인을 화폐처럼 사용하려면 비트코인이 최소한 한국의 GDP에 해당하는 가치가 있어야 한다. 최소한 한국에서 사용하는 물건 가치의 총합과 비트코인의 가치 총합이 같아야 화폐로 사용할 수 있다.

한국의 1년 GDP는 2013년 기준 1조 370억 수준이었다. 비트코인은 2,100만 개이다. 그러면 1조 370억 달러가 2,100만 개가 되어야 한국에서 비트코인이 화폐 기능을 할 수 있다. 한국에서 비트코인이 화폐로 사용된다면 1비트코인이 어느 정도 될까? 이 계산을 구체적으로 달러 단위까지 할 필요는 없다. 대강 수치만 나오면 된다. 1조 370억 달러를 2,100만 개로 나누면 1비트코인이 5만 달러 정도다. 단위가 원이 아니라 달러이다. 5만 달러이면 6,000만 원이다. 비트코인 하나에 6,000만 원이라고? 이게 말이 되나? 다시 계산했다. 하지만 같은 결과가 나온다. 1조 370억 달러 나누기 2,100만 개가 꼼꼼히 검토해야 할 정도로 복잡한 계산이 아니다.

한국은 세계에서 열 손가락 안에 드는 경제 강국이다. 하지만 세계 경제에서 한국이 차지하는 비중은 약 2% 정도이다. 비트코인은 전 세계 사람들이 쓰도록 만들어진 것이다. 그런데 한국 사람만 비트코인을 쓴다고 해도 비트코인 가격이 6,000만 원이 넘는다. 전 세계인들이 비트코인을 쓴다면 곱하기 50을 해야 하고, 이는 삼십억 원이 넘는다. 이때 GDP를 기준으로 비트코인 가격을 계산했지만, 원래는 자산 가격, 아니면 통화량을 기준으로 계산하는 게 맞다. 3억짜리 아파트에 살면서 1년에 1억 원을 번다고 하자. 여기서는 연 수입 1억 원이 GDP인 셈이다. 하지만 따로 3억의 아파트 자산도 있다. 화폐는 소득과 자산을 모두 표시해야 한다. 자산 가격으로 계산하는 게 맞지만, 자산의 정확한 크기는 어느 나라나 계산이 잘 안 된다. 자산 말고 통화량 자료를 사용해보았다. 2013년도 한국의 통화량은 1,886조 원이었다. 비트코인은 최소한 이 통화량 가치는 돼야 한다. 한국의 통화량 1,886조 원 나누기 비트코인 2,100만 개는 8,980만 원이 나온다. 통화량을 기준으로 하면 비트코인 1개 가격은 8,980만 원이어야 한다.

전 세계에서 한국만 비트코인을 사용한다 해도 비트코인 가격이 최소 6,000만 원에서 8,980만 원이 되는 것이다. 지금은 몇십만 원 밖에 안 하는 비트코인이 말이다. 한국에서 비트코인이 현금처럼 사용될 가능성은 거의 없다. 그러나 이는 전 세계 70억 인구 중에서 오천만 명이 비트코인을 사용하면 비트코인 하나 가격이 6,000만 원이 넘는다는 예시일 뿐이다. 한국 사람 모두가 비트코인을 사용한다는 것은 무리지만, 전 세계에서 비트코인을 사용하는 사람이 오천만 명이 된다는 것은 무리한 가정이 아니다. 아니, 오천만 명이나 비트코인을 사용할 필요도 없다. 한국이 오천만 명이라 하지만 사실 GDP 1조 달러에서 크게 기여하는 사람은 반도 안 될 것이다. 중위 소득자 천만 명 정도가 실제 GDP를 거의 차지한다. 전 세계에서 어느 정도 여유가 있는 사람 천만 명이 비트코인을 사용하면 비트코인이 6,000만 원을 넘게 된다.

만약 비트코인이 미국에서 사용된다면 어떻게 될까. 미국의 GDP는 21.43조 달러이다. 21.43조 달러 나누기 2,100만 개는 102만 달러, 10억 원이 넘는다. 만약 미국에서 비트코인이 현금처럼 사용된다면 비트코인 가격은 최소 10억 원은 되어야 한다. 미국이 비트코인을 사용하지 않아도, 전 세계에서 미국 인구 3억 명 정도가 비트코인을 사용하면 그 가격이 10억 원이 되는 것이다. 전 세계에서 비트코인이 사용된다면 1비트코인은 395만 달러, 약 44억 원이 될 것이다.

비트코인을 사야 한다. 내가 비트코인을 사면서 주위에 한 말, 그리고 그 이후 비트코인에 대해 말하면서 한 말은 "비트코인은 최소 천만 원에서 1억 원은 간다."였다. 사실 1억 원

이상도 얼마든지 가능하다고 생각했다. 하지만 당시 비트코인 가격은 50만 원 정도였다. 지금 50만 원인 것이 천만 원이 넘을 것이라고, 1억 원이 될 것이라고 말하는 것도 말이 안 되는 것이었다. 그런 상태에서 몇억 원이 될 수도 있다, 10억 원까지 갈 수도 있다고 말하는 것은 너무 말이 안 되는 것으로 무책임해 보였다.

사실 그동안 주식을 사면서 최소 10배 이상 오를 것이라고 예상한 적은 한 번도 없었다. 두 배, 세 배면 몰라도 10배를 예상하지는 않는다. 그동안 내가 산 주식 중에서 10배가 오른 적은 있다. 미국 주식 넷플릭스와 중국 주식 마오타이가 10배 올랐다. 하지만 이것을 살 때 10배가 오를 것이라고 예상하지는 않았다. 결과적으로 10배가 오를 수는 있어도, 미리 10배가 오를 것으로 예상할 수는 없다. 처음부터 10배를 기대하는 것은 투자의 기본이 안 된 것이라 생각한다. 그런데 이 비트코인에 대해서만은 그렇게 예상했다.

'비트코인은 최소 천만 원은 간다. 1억 원도 갈 수 있다.'

돈은 잃지 않는 게 더 중요하다

비트코인 투자를 본격적으로 해야겠다고 결심한 것은 2013년 말이었다. 해외에서는 이제 막 비트코인 거래소가 하나둘 생길 때였다. 하지만 우리나라에는 따로 비트코인 거래소가 없었다. 지금이라면 외국 거래소에서 비트코인을 살 수 있었을 것이다. 하지만 2013년만 해도 해외 사이트를 통해 개인이 직접 거래하는 건 드문 일이었다. 막연히 한국에는 비트코인 거래소가 없으니 구입이 불가능하다고 생각했다. 비트코인 지갑을 인터넷에서 다운받아 마련했다. 문제는 비트코인이 있어야 다른 사람과 코인을 주고받을 수 있을 텐데 마땅히 구할 방법이 없었다. 주변에도 컴퓨터 전문가라 할만한 사람이 없었다.

결국 비트코인 구입을 포기했다. 좋은 기회를 놓치는 게 분명했지만 그렇게 속상하진 않았다.

세계 주요 국가의 주식을 모두 사고팔 수 있고, 해외 사이트에서 직접 구매하는 게 일반적인 지금, 거래소가 없어서 비트코인을 사지 못했다는 것이 이상하게 들릴 수도 있다. 하지만 당시만 해도 미국의 애플 주식, 중국의 샤오미 주식을 쉽게 사지 못할 때였다. 그리고 2014년 1월, 한국에 처음으로 제대로 된 비트코인 거래소 '엑스코인'이 개장했다. 이후 '빗썸'으로 바뀐 이 거래소가 생기면서 드디어 비트코인을 살 수 있게 되었다. 비트코인 가격은 2013년 11월 100만 원까지 올랐다가 이후 계속해서 하락했다. 나는 추세를 지켜보다가 2014년 7월, 드디어 비트코인을 구입하기로 마음먹었다. 엑스코인 계좌를 만들고 돈을 송금했다. 두 번에 나누어서 비트코인을 구매했다. 처음 10개는 60만 원에 샀고, 두 번째 10개는 55만 원에 샀다. 총 20개였고, 구매 가격은 평균 57만 원이었다. 초기 투자금은 1,140만 원이었다. 만약 이때 비트코인을 40개 샀다면 내 인생은 확연히 달라졌을 것이다. 하지만 당시만 해도 1,000만 원을 들여 비트코인을 사는 것도 간단한 결정은 아니었다.

이때 비트코인을 1,000만 원어치 살 수 있었던 것은 당시 내가 동원할 수 있는 전체 투자금이 7,000만 원이었기 때문이다. 나는 한 종목에 올인할 정도로 강심장은 아니다. 돈은 버는 것도 좋지만 일단 잃지 않는 게 더 중요하다. 투자금 7,000만 원 중에서 5,000만 원은 주식시장에 들어 있었다. 1,000만 원은 비트코인을 샀고, 700만 원은 은에 투자했다. 전체 투자금 7,000만 원 중에 비트코인에 15%를 넣었다. 주식시장에 5,000만 원을 투자했다고 하지만, 여러 종목이 있었고, 한 종목에 많아야 1,000만 원 정도였다. 비트코인에는 1,000만 원을 넣었고, 내가 가진 투자 종목 중에서 가장 큰 금액이었다.

사실 그때 엑스코인에서 비트코인을 더 살 수 없었던 중요한 이유가 하나 있다. 엑스코인은 이제 막 생긴 비트코인 거래소였다. 지금의 빗썸, 업비트, 코빗 같은 비트코인 거래소를 생각하면 곤란하다. 그때 엑스코인은 그야말로 듣도 보도 못한 사이트였다. 엑스코인에 돈을 넣는 과정에서 가장 걱정했던 것은, 엑스코인이 내 돈을 들고 도망가면 대책이 없다는 것이었다. 비트코인 거래소는 단순히 비트코인을 사고파는 곳이 아니다. 비트코인을 산 다음에 비트코인을 보관하는 곳이기도 하다. 엑스코인이 내가 맡겨둔 비트코인을 들고 도망가면 하루아침에 1,000만 원을 잃는 것이었다. 누가 만들었는지도 모르고 누가 운영하는지도 모르는 사이트에 어떻게 몇천만 원을 맡기겠나.

또 이때 비트코인 거래소가 해킹당한 사건이 있었다. 당장 2014년 2월, 세계 최대 비트코인 거래소인 마운트 곡스가 비트코인을 해킹당해서 결국 파산했다. 여기에 비트코인을 맡긴 사람들은 비트코인을 날릴 수밖에 없었다. 세계 최대 비트코인 거래소도 해킹당하는 판국이니, 엑스코인이 언제 어떻게 해킹을 당해도 이상할 게 없는 시절이었다. 이런 곳에 1,000만 원을 넣는 것도 위험천만한 짓이었다. 비트코인이 오른다는 확신이 없었다면 절대 할 수 없는 일이었다.

지금의 빗썸이 돈을 들고 튈 것이라고 생각하지는 않는다. 고객의 돈을 들고 도망가는 것보다 빗썸을 운영하는 일이 더 큰 수익이 되기 때문이다. 하지만 2014년도만 해도 엑스코인이 돈을 몽땅 들고 도망갈 수 있다고 생각했다. 그래서 비트코인을 20개만 샀다. 그 이상을 투자할 수는 없었다.

주인도 기억하지 못하는 58자리 암호

엑스코인에서 비트코인을 산 다음에 가장 먼저 한 일은 코인의 절반을 비트코인 지갑으로 옮긴 일이었다. 엑스코인 사이트만 믿고 천만 원 상당의 재산을 맡기는 게 그만큼 불안했다. 장기 투자에서 가장 좋은 방법은 종목을 사두고 한참 동안 아예 계좌를 열지 않는 것이다. 주식에서는 그 방법이 꽤 유용할 때가 많다. 하지만 비트코인은 그렇게 할 수 없었다. 몇 달 후에 열어봤더니 비트코인 계좌가 0으로 표시되면 어떻게 하나? 그렇게 되면 비트코인을 돌려받기 위해 경찰에 신고하는 수밖에 없다. 그러려면 내가 비트코인을 어떤 사이트에서 샀고, 어떻게 보관했다는 것을 증명해야 했고, 결국 비트코인 계좌를 자주 열어보고 증거 사진을 남길 수밖에 없었다.

그런 점에서 거래소보다 비트코인 지갑을 훨씬 더 신뢰할 수 있었다. 비트코인 지갑은 그 지갑을 운용하는 사이트에서 비트코인을 보관하는 게 아니었다. 지갑에는 비트코인 주소와 암호를 주는데 그 암호도 일반 사이트의 패스워드와 비교할 수 없을 만큼 복잡하게 구성되어 있다. 보통 패스워드가 8자리에서 많아야 12자리라면 비트코인 암호는 58자리나 된다. 나는 이런 점에서 비트코인 지갑이 더 안전성이 높다고 판단하고 거래소에 있는 코인의 절반을 지갑으로 옮겼다.

그런데 얼마 지나지 않아 비트코인 지갑의 문제점을 알게 되었다. 암호가 복잡한 탓에 코인의 주인도 그 주소와 암호를 기억하기 어렵다는 점이었다. 비트코인 암호는 하루 혹은 일주일에 몇 번씩 사용하는 게 아니다. 많아야 1년에 몇 번이다. 그래서 비트코인 암호를 잘 숨겨놓으려 하다가 결국 찾지 못했던 경우가 많았다. 그동안의 경험을 생각했을 때, 비트코인 암호를 어디다 잘 숨겨서 적어놓는 것은 그냥 잃어버리는 것과 다름없었다. 그렇다고 여기저기에 비트코인 암호를 적어놓을 수도 없었다. 은행 계좌에서 출금하면 최소한 어떤 계좌로, 누구에게 돈이 송금되었는지 알 수 있다. 보이스피싱이 아닌 이상 범인을 잡을 가능성이 존재한다. 하지만 비트코인 계좌는 내 돈을 누가 빼갔는지 절대 알 수 없다.

지금도 비트코인 암호 파일이 들어 있는 컴퓨터를 모르고 버렸다가 비트코인을 찾지 못하게 된 사람들의 이야기가 뉴스화 되곤 한다. 이런 일은 비트코인 세계에서 어쩌다 한 번 있는 일이 아니다. 초기에 비트코인을 구매한 사람 중 상당수가 이런 상황이다. 비트코인 전문가들은 이렇게 암호를 잃어버린 비트코인이 400만 개는 될 거라고 한다. 하지만 내가 보기에는 그보다 더 많다. 나는 비트코인이 50만 원일 때 구입해서 암호 보관에 신경을 썼음에도 이들과 비슷한 고충을 겪었다. 비트코인이 훨씬 쌀 때 비트코인을 소유했던 사람들은 아무 생각 없이 암호를 보관했을 것이고, 그중 많은 이가 암호를 잃어버렸을 것이다. 비트코인 암호를 안전하게 보관하는 일은 그만큼 어렵다.

비트코인이 2,100만 개가 생산된다고 하지만, 실제 시장에서 유통될 수 있는 양은 절대 2,100만 개가 아니다. 많아야 1,700만 개로 추정된다. 하지만 나는 그보다 훨씬 적을 것으로 생각한다. 처음에 전 세계에서 2,100만 명이 비트코인 하나를 가지고 싶어 하면 비트코인 가격이 폭등할 것으로 예상했다. 그런데 알고 보니 2,100만 명이나 필요하지 않았다. 1,700만 명만 비트코인을 한 개라도 가지려면 비트코인 가격은 폭등한다. 비트코인 암호를 몇 년 동안 잊지 않고 보관하는 게 상당히 성가신 일이라는 것을 알게 되었지만, 그 대신 비트코인 공급량이 2,100만 개에서 최소 20% 이상 적다는 것을 알게 된 것은 다행이었다. 비트코인 공급이 20% 이상 적으니, 비트코인 가격은 처음 예상보다 더 많이 상승할 수 있을 것이다.

그사이 비트코인 가격이 올랐고, 비트코인 거래소도 성장했다. 더는 비트코인 거래소에 있는 돈이 어느 날 갑자기 사라질 수 있다고 걱정하지 않는다. 10억 원이 넘는 자산이 비트코인 거래소에 들어 있는데도 별다른 걱정을 하지 않는다. 불과 8년 전에 1,000만 원이 제대로 보관될까 걱정했던 것과 비교하면 엄청난 변화이다.

택시에서 비트코인을 잃어버리다

2015년, 베이징에서 휴대폰을 잃어버렸다. 당시 내가 쓰던 휴대폰 기종은 아이폰4였다. 휴대폰을 택시에 두고 내렸다는 것을 알자마자 머릿속이 하얘졌다. 기기 자체의 값어치도 문제지만 그보다 그 속에 있는 자료가 모두 사라졌다는 게 큰 문제였다. 중요한 자료는 따로 백업 작업을 해두긴 하지만 휴대폰을 잃어버리는 시점까지의 정보는 잃어버릴 수밖에 없었다. 당시 휴대폰 가격만 생각하면 내가 겪을 손해는 100만 원 정도였다. 하지만 내 휴대폰 앱에는 비트코인 암호 10개가 저장되어 있었다. 결국 휴대폰과 함께 비트코인 몇백만 원치를 날린 것이다. 비트코인 주소와 암호를 잘 기억해 내면 되지 않을까? 일반 사이트였다면 몇 번의 시도 끝에 가능했을지도 모른다. 하지만 비트코인의 암호는 몇십 자리였고, 이를 애써 외우려고 시도한 적도 없었다.

내가 있는 곳이 한국이었다면 택시 기사를 찾을 수도 있었을 것이다. 하지만 여기는 중국이었고, 내 휴대폰에 전화를 거는 방법조차 알지 못했다. 인터넷에 검색하면 이런 상황에서 대처하는 방법이 나왔을 것이다. 하지만 나는 지금 휴대폰을 잃어버린 상태였고, 중국어를 아예 할 줄 몰랐다. 설령 휴대폰에 전화를 건다고 해도 중국인 택시 기사가 영어를 할 가능성은 희박했다. 옆 사람은 휴대폰을 잃어버려서 어떻게 하냐고 걱정했지만, 이때 문제는 휴대폰이 아니라 비트코인이었다. 그러나 차마 몇백만 원을 잃어버린 거라고 말할 수 없었다.

마땅한 방법을 찾기 위해 바로 호텔로 돌아왔다. 호텔 프런트에 사정을 이야기했다. 샨리툰 호텔 직원은 내게 영수증을 받았는지 물어보았다. 택시 영수증에는 택시 번호와 연락처가 적혀 있다고 했다. 하지만 나는 영수증을 챙기지 않은 상태였다. 이때 호텔 직원이 내 번호로 대신 전화를 걸었고 택시 운전사가 휴대폰을 들고 호텔로 오겠다고 했다. 난 기적처럼 휴대폰을 찾았고 택시 운전사에게 사례금으로 50위안을 주었다. 꼼짝없이 잃어버린 줄로만 알았던 비트코인을 다시 찾은 것이다. 한국에 돌아오자마자 바로 아이폰에 있는 비트코인을 빗썸 거래소로 옮겼다. 그동안 거래소를 믿지 못해서 아이폰 비트코인 지갑 앱에 코인의 일부를 보관했다. 그러나 그렇다고 해서 비트코인이 안전한 것은 아니었다. 휴대폰과 함께 비트코인이 날아간다면 차라리 거래소가 더 안전했을 것이다. 그 이후로는 거래소에 비트코인을 두고 있다.

2017년 비트코인이 폭등했을 때, 그리고 그 이후 비트코인 가격이 오를 때마다 계속해서 2015년 비트코인을 잃어버렸던 에피소드를 떠올린다. 만약 그때 비트코인을 잃어버리고 나서 결국 찾지 못했다면 어떻게 되었을까. 그때 난 몇백만 원을 날린 줄 알고 속상해했다. 하지만 그건 단지 몇백만 원이 아니었다. 2017년에는 몇천만 원을 날린 거였고, 지금 기준으로는 몇억을 날린 거였다. 나는 두고두고 그때 비트코인을 잃어버린 것을 후회하고 또 자책했을 것이다. 그때 중국 택시 운전사에게 무척 감사하다. 그의 입장에서는 그냥 휴대폰을 챙겨서 팔아 버려도 어쩔 수 없는 상황이었다. 그의 선행이 내가 비트코인으로 평생 후회하게 될 뻔한 불행을 막아주었다.

투자에서 가장 힘든 건 폭등기다

처음 비트코인을 사고 7년이 지났다. 그사이 비트코인을 두 번 사고팔았다. 2017년 겨울, 비트코인이 폭등했을 때 10개를 팔았고, 2018년 봄, 비트코인 가격이 크게 폭락했을 때 다시 10개를 샀다. 그리고 2021년 봄, 직장을 그만두고 비트코인의 일부를 팔았다. 그 외에는 비트코인과 관련된 매매를 하지 않았다. 처음부터 비트코인은 최소 10년을 두고 산 것이었다. 평소에는 비트코인이 오르고 내리는 것에 신경 쓰지 않았다. 50만 원에 산 비트코인이 곧장 25만 원으로 하락했을 때도, 절반이나 손해를 봤음에도 신경 쓰지 않았다. 비트코인 매매를 본격적으로 고민한 것은 2017년 가을이었다. 이때는 1월에 100만 원이었던 비트코인이 12월에 2,000만 원 이상 상승한 폭등기 때다. 이때 비트코인으로 큰 수익을 본 건 분명하다. 하지만 내 마음은 완전히 찢겨서 너덜너덜한 상태였다.

흔히 주식이 폭등하면 좋을 거라 생각한다. 하지만 내가 무언가를 투자할 때 가장 힘들 때가 바로 이런 폭등기였다. 주식은 한 달에 10%, 1년에 두 배 정도 꾸준히 오르면 더할 나위 없이 좋다. 하지만 이렇게 하루 사이에 50% 이상 오르거나 일주일 사이 두세 배가 오르면 이야기가 달라진다. 이런 경우에는 반드시 폭락하게 된다. 물론 폭락이라고 해서 처음보다 손실을 보는 건 아니다. 만 원짜리가 어느 날 갑자기 15,000원이 되고, 그다음에 12,000원이 되는 식이다. 물론 처음보다 이익을 얻은 셈이지만 사람 마음이 그렇게 곱게만 굴러가지 않는다. 15,000원일 때 팔았으면 3,000원의 수익을 남길 수 있었는데, 제때 팔지 못해서 손해를 보았다고 생각한다.

비트코인은 폭등할 때 팔았다가 나중에 떨어졌을 때 다시 사는 것이 최선이다. 그렇지 않고 계속 갖고 있으면 반드시 최고 가격 대비 손실을 본다. 문제는 폭등기가 언제까지 지속될지 알 수 없다는 것이다. 만 원짜리가 15,000원이 되었을 때 충분한 폭등이라고 해서 팔았는데, 그 이후 20,000원까지 오르면 그만큼 절망적일 수가 없다. 20,000원까지 올랐다가 폭락해서 16,000원까지 떨어지면, 그래서 내가 판 가격보다 더 높은 가격에서 안정을 찾으면 그만큼 투자 실패를 자책하는 것도 없다. 차라리 만 원짜리 주식이 8,000원으로 떨어져서 손실을 입는다면 그렇게까지 절망적이지 않다. 하지만 폭등기에는 절망하게 된다. 팔아야 하는지 말아야 하는지, 판다면 언제 팔아야 하는지 매일매일 고민의 연속이다. 투자에서 가장 힘들 때가 이런 폭등기이다.

비트코인은 올랐을 때 팔고 나중에 떨어졌을 때 다시 사는 게 가장 좋다. 그렇다면 언제 파는 게 가장 좋을까? 700만 원에 팔았는데, 1,000만 원 넘게 올라가면 어떻게 하나. 폭등기에 얼마까지 오를지 예측하는 게 불가능하지만 그래도 파는 시점을 예측해야 한다. 그러지 않으면 비트코인 한 개당 몇백만 원의 손실을 보게 된다. 난 비트코인 20개를 들고 있다. 100만 원을 잘못 판단하면 난 2,000만 원을 날리는 것이다. 200만 원을 잘못 판단하면 4,000만 원이다. 지금 당장 어떻게 하느냐에 따라 몇천만 원이 왔다 갔다 한다. 이런 판단은 단순히 일상생활에서의 판단과 다르다. 판단에 따라 확실한 대가를 치러야 한다.

비트코인이 올랐을 때 팔고 떨어지면 다시 산다는 것은 듣기에는 좋은데 실행하기는 불가능한 전략이다. 실제로 올랐다고 생각하고 팔았는데 계속해서 오르기도 하고, 떨어져서 다시 샀는데 그 이후로도 계속해서 떨어진다. 많은 사람이 단타에서 망하는 이유가 다 여기에 있다. 팔아야 하나 말아야 하나, 그리고 판다면 언제 팔아야 할까. 비트코인이 700만 원을 넘어서면서 계속 그 고민을 했다. 매일매일 비트코인의 움직임을 보면서 어떻게 해야 할지 고민했다. 2017년 12월, 드디어 비트코인 가격이 1,000만 원을 넘었다. 그리고 이때부터 비트코인 가격이 널뛰기 시작했다. 그 이전에도 비트코인 가격은 급등과 급락을 반복했지만, 이때와는 차원이 달랐다. 하루에 몇백만 원이 올라가고 몇백만 원이 떨어졌다. 하루에 300만 원이 떨어졌다가 200만 원이 오르기도 했다. 그러면 하루 등락 폭이 500만 원이다. 비트코인을 20개를 가진 나는 하루 1억 원이 왔다 갔다 한 셈이다.

　하루 몇백만 원의 움직임은 무난하게 지켜볼 수 있었다. 하루 몇천만 원의 움직임은 굉장히 어렵긴 하지만 그래도 보고 있을 수 있었다. 그런데 이제는 하루에 1억 원이 왔다 갔다 한다. 1억 원을 모으는 데 3년이 걸렸다. 비트코인 폭등 전에 내 투자금 자체가 1억 원이 안 되었다. 그런데 그 1억 원이 하루 사이에 왔다 갔다 하니 말 그대로 패닉이었다. 그 부담감을 이기지 못해 정신과 생활이 모두 망가졌다. 아무리 돈이 중요하다 해도, 이렇게까지 망가지는 것은 버틸 수 없었다. 마음의 결정을 내렸다. 팔아야 한다. 비트코인이 2,000만 원, 3,000만 원까지 오를 수도 있다. 그래도 팔아야 한다.

팔긴 팔아야겠는데, 그럼 몇 개나 팔까? 20개를 다 팔아야 하나? 그런데 내가 보기에 아무리 봐도 비트코인은 계속 오른다. 이번에 비트코인이 폭등했다고 하지만, 아무리 봐도 2020년 이후부터 더 오른다. 그동안 비트코인이 "1,000만 원은 무조건 넘고 1억 원까지 오를 수 있다"라고 말했다. 그런데 아직 2020년도 안 되었는데 1,000만 원이 넘었다. 그러면 이건 분명 앞으로 1억 원까지 갈 수 있다. 1억 원이 될 수 있는데 지금 다 팔 수는 없었다.

결국 10개만 팔기로 타협했다. 하루에 몇백만 원이 왔다 갔다 하는 상황에서 20개는 하루 5,000만 원 원에서 1억 원까지 왔다 갔다 한다. 이건 내가 버티지 못한다. 하지만 10개만 있다면 보통 하루 2~3,000만 원 정도만 왔다 갔다 한다. 이 정도는 버틸 수 있지 않을까. 억울했지만 비트코인 가격의 급등락을 버텨낼 수 없었다. 마음의 안정을 찾기 위해서는 비트코인을 팔아야 한다. 그래도 고민이 계속되었다. 그러다 결국 2017년 12월 중순, 비트코인 10개를 팔았다. 이때 시세는 비트코인 1개에 1,850만 원이었다. 2014년 50만 원에 산 것을 1,850만 원에 팔았으니 수치로만 보면 대성공이다. 그러나 나는 즐겁지 않았다. 오히려 '더 가지고 있어야 하는데'라며 팔았다. 이때 10개를 판 것은 마음이 견디지 못해서 투자를 지속하지 못한 실패 사례가 되었다.

이제는 매도 전략을 고민해야 할 때다

2017년 12월, 비트코인 10개를 팔았다. 그 후에도 계속해서 비트코인 가격은 끝없이 널뛰다가 2018년 1월부터 폭락하기 시작했다. 2,000만 원이 넘었던 비트코인이 2018년 11월에는 400만 원대까지 떨어졌다. 그리고 이때 난 비트코인 10개를 다시 샀다. 지금은 비트코인이 폭락했지만, 앞으로는 더 오를 거라 판단했다. 또 1,800만 원에 팔았던 것을 500만 원에 다시 사는 것이니 그대로 가지고 있으면서 1억 3천만 원의 순이익을 낸 것이었다. 이제 다시 비트코인이 20개가 되었으니 다시 기다리면 되는 일이다.

비트코인은 계속해서 등락했고 1,600만 원까지 갔다가 다시 1,000만 원이 되었다가, 코로나로 인해 주식시장이 대폭락할 때는 반값까지 떨어졌다. 하지만 별다른 신경을 쓰지 않았다. 주식시장에서는 코로나 사태로 인한 변화에 따라 사고 팔고를 반복했지만, 비트코인은 그대로 두었다. 2020년 말, 비트코인 폭등이 다시 시작되면서 비트코인에 대해 다시 고민하기 시작했다. 2020년 10월에 비트코인은 다시 1,500만 원을 넘어섰다. 그리고 2020년 11월, 2,000만 원을 넘고, 12월에는 3,000만 원을 넘었다. 비트코인은 연일 신고가를 찍었다. 그리고 나의 어려움이 또 시작되었다. 폭락기는 잘 버틸 수 있는데, 폭등기는 버티기 힘들다.

이때 나는 비트코인뿐만 아니라 주식도 있었다. 폭락기에는 비트코인과 주식이 같이 폭락한다. 금융시장이 요동치던 시기였고, 한 달에 한 번은 이틀 사이에 2억이 떨어지는 경험을 했다. 2017년에는 이 가격 움직임을 버티지 못해서 팔아야만 했다. 하지만 2021년에는 그것 때문에 팔려는 마음이 생기진 않았다. 그사이 이런 가격 움직임에 많이 단련된 거다. 이제 몇억의 손실을 받아들일 수 있게 되었다.

2021년 봄, 비트코인을 팔아야 하나를 고민한 건 다른 이유에서였다. 비트코인은 앞으로도 계속 오를 것이니 다 팔려는 건 아니었다. 하지만 일부는 팔아야 하지 않을까,라고 고민했다. 거기에는 이유가 세 가지 있었다. 첫째, 난 50만 원대에 비트코인을 샀다. 1억 원이 넘을 거로 생각해서 가지고 있는 거고, 이제 6,000만 원대가 되었으니 팔아서 이익을 실현해도 되지 않을까. 충분한 이익을 보았으니, 일부는 팔아도 된다. 무엇보다 앞으로의 기대 수익률이 그리 높지 않았다. 비트코인 1,000만 원일 때라면 향후 비트코인이 1억이 된다면 앞으로 10배의 이익이다. 그런데 지금은 비트코인 6,000만 원이 넘었다. 비트코인이 1억이 된다 해도 두 배가 안 된다. 1억이 넘을 가능성이 커진 대신, 기대 수익률은 많이 낮아졌다. 이제는 어떻게 조금씩 이익을 실현할지에 대한 매도 전략을 고민해야 할 때다. 그렇지만 난 앞으로 비트코인이 1억을 넘어서서 훨씬 더 오를 것으로 생각한다. 지금 단계에서 매도를 시작하는 건 아무래도 너무 빠르다.

둘째, 내 금융 자산 중에서 비트코인이 차지하는 비중이 너무 커졌다. 사실 이게 가장 큰 문제였다. 투자에서 중시하는 것으로 포트폴리오가 있다. 위험을 피하기 위해 여러 종목을 분산해서 가지고 있는 기본 전략이다. 처음 비트코인을 살 때는 총투자금 7,000만 원에서 1,000만 원을 할애했다. 적당한 비중이라 생각했다. 2017년 비트코인 폭등기 때 비트코인 비중이 크게 상승했지만, 그래도 50% 정도였다. 비트코인이 2억이 넘었지만, 그래도 주식까지 합친 것이어서 괜찮았다. 2021년 봄, 비트코인이 7,000만 원을 넘어섰고, 비트코인만 14억이 되었다. 보유 자산의 70%가 비트코인이었다. 이건 포트폴리오가 아닐뿐더러 분산 투자에도 어긋난다. 비트코인이 아무리 좋다지만 비중이 너무 컸다.

셋째, 2021년 4월, 직장을 그만두기로 했다. 직장을 그만두고 연구소를 마련하려면 돈이 필요했다. 앞으로는 생활비도 가진 돈에서 빼서 써야 하고, 또 직장을 그만두면 은행 대출 한도가 낮아져서 갚아야 할 대출도 생긴다. 이건 어쩔 수 없이 지출할 수밖에 없는 돈이다. 비트코인과 나의 자유를 바꾸는 것이라고 생각하기로 했다. 수익을 생각하면 앞으로 더 오를 것이기에 팔 수 없다. 하지만 비트코인을 팔아 나의 자유를 산다고 생각하기로 했다.

그런데 2021년 5월, 비트코인만큼 미래를 확신할 수 있는 투자 종목을 발견하게 됐다. 바로 미국 주식이다. 내가 미국 주식을 처음 산 것은 2014년이었다. 그동안 수익도 많이 났다. 사실 미국 주식에서의 수익률은 굉장히 높았다. 비트코인과 비교하면 크지 않았지만, 처음 투자금 대비 네 배 이상 수익이 났다. 그러나 운이 좋았다고 생각했지, 미국 주식의 미래에 대해서 확신한 것은 아니었다. 2019년 미국 주식 포트폴리오를 정리했고, 2020년에도 미국 주식 포트폴리오를 정리했다. 그리고 2021년 5월, 다시 한번 미국 주식 포트폴리오를 검토하면서 미국 주식에 대해 확신하게 된다. 물론 모든 미국 주식에 대해 확신하는 건 아니다. 단지 이런 종목들이 있으면 확률적으로 큰 이익을 얻을 수 있겠다는 걸 알게 되었을 뿐이다. 비트코인은 앞으로 2억이 된다고 해도 4배가 안 된다. 하지만 미국 주식은 그것보다 더 가능성이 있었다. 일단 나의 투자 기준은 4년에 두 배인데, 미국 주식은 충분히 가능해 보였다. 비트코인 외에 4년에 두 배의 기준을 기대할 수 있는 것은 처음이었다.

비트코인을 일부 팔았다. 그리고 미국 주식을 더 구입했다. 이제는 나의 금융 자산에서 비트코인 비중이 50% 이하가 되었다. 직장을 그만둘 때 필요한 목돈은 국내 주식으로 충당하려 했다. 이번에 비트코인을 판 건 후회하지 않는다. 더 좋은 투자처로 옮겨갔다고 생각한다. 하지만 아직 대부분의 비트코인은 그대로 보유하고 있다. 폭등과 폭락 속에서 비트코인과 관련된 이야기는 앞으로도 계속될 것이다.

2장 소심한 투자 원칙으로 50억 벌기

비트코인, 투자인가 투기인가

나로서는 비트코인을 투기라고 하고, 비트코인에 투자하는 사람을 투기꾼이라고 하는 것을 인정하기 어렵다. 일단 나는 2014년에 비트코인 20개를 사서 지금까지 갖고 있다. 지난 8년 동안 2017년 12월에 10개를 팔았고, 2018년 여름에 도로 10개를 샀다. 어떤 기준으로도 8년 동안 가진 자산을 투기로 보진 않는다. 이는 명백한 투자이고 그중에서도 장기 투자이다. 나는 한국 주식, 미국 주식, 중국 주식 등 총 17개 종목을 갖고 있다. 그런데 이 중에서 5년 이상 보유한 주식은 미국의 넷플릭스와 중국의 마오타이 딱 두 종목밖에 없다. 나머지 주식은 전부 다 이전 주식을 팔고 새로운 주식으로 바꾼 것이다.

결국 보유한 투자 자산 중 가장 오래된 것은 비트코인이다.

장기 투자를 하게 되는 대표적인 경우는 가격이 폭락했을 때다. 원래 산 가격보다 엄청나게 폭락하면 억울해서 팔지 못한다. 자기가 처음 산 가격이 되기를 무작정 기다리는 경우가 많다. 하지만 비트코인은 가격이 내려간 것도 아니었다. 내가 57만 원에 산 코인이 2021년 3월 기준으로 6,700만 원이 되었고 이는 약 100배가 넘게 오른 것이다. 이렇게 이익을 얻고도 계속 보유하는 것은 어떻게 보아도 투기로 보기 어렵다.

투기이냐, 투자이냐는 무엇을 사느냐에 따라 구분되지 않는다. 비트코인을 사면 투기이고, 주식을 사면 투자가 되는 게 아니다. 부동산을 사면 투기이고, 삼성전자를 사면 투자가 되는 것도 아니다. 보유 기간이 어느 정도인가에 따라 투기와 투자를 나누지도 않는다. 주식을 사서 몇 개월 이상 보유하면 투자가 되고, 주식을 사서 하루이틀 사이에 팔면 투기가 되는 것도 아니다.

주식 투자를 권하는 사람들은 투기하지 말고 투자를 하라면서, 우량주를 오랫동안 보유하라고 말한다. 우량주는 장기적으로 계속 오를 것이니 오래 가지고 있으면 분명히 이익을 볼 수 있을 거라 말한다. 그리고 이것이야말로 제대로 된 투자라고 본다. 하지만 내가 보기에는 이 역시 투기에 해당한다. 지금의 우량주가 앞으로 계속 오를 거라니, 그렇게 주식 투자가 간단한 거였다면 나는 진작에 주식으로 큰돈을 벌었을 것이다.

가장 큰 문제는 지금 우량주가 앞으로도 계속 우량주로 남아 있을지 모른다는 것이다. 나는 2015년에 중국에서 최고 우량주로 손꼽히는 주식 7개를 구입했다. 그중에서 2020년에도 우량주로 남아 있는 주식은 단 두 개뿐이다. 2015년에 그 주식을 중국 우량주라고 강력히 추천한 전문가들은, 이제는 그 주식만 쏙 빼놓고 다른 주식을 추천한다. 한국 주식도 마찬가지다. 10년 전에 우량주라고 본 것들이 지금 어떻게 되어 있는지를 보면 우량주라는 것이 얼마나 잘 바뀌는지 알 수 있다. 삼성전자만 보고 10년 전의 우량주가 지금의 우량주라고 판단하면 곤란하다.

또 다른 문제는, 기업이 우량 기업이라고 해서 주식이 오르는 게 아니라는 점이다. 기업은 좋지만 주식 가격이 오르지 않는 경우도 많다. 문제는 물가상승률, 금리, 다른 일반 주식 상승률을 모두 고려해야 한다는 점이다. 그보다 더 많이 올라야 투자의 의미가 있다. 10년 동안 묵혀 두었더니 주식이 두 배가 올랐다고 좋아해서는 안 된다. 10년에 두 배가 오르면 연 7%의 수익률이다. 은행 이자보다 높긴 하지만, 이 정도 수익률로는 보통 사람이 평생 투자해도 부자가 되지 못한다. 이걸 두고 주식에 성공했다고 자랑스러워해서는 곤란하다.

주식을 사서 몇 시간 안에 판다고 해서 투기는 아니다. 왜 이 주식이 오를 것이라 생각하는지 그 기준이 명확하고 일리가 있으면 투기로 보기 어렵다. 보통 사람들에게는 주식의 움직임이 안 보인다. 그 사람이 보기에 단타로 투자하는 건 투기이다. 하지만 어떤 사람에게는 그 움직임이 보인다. 단순히 기분에 따른 감이 아니라, 그동안 겪은 경험에 비추어 볼 때 확신이 생길 때가 더러 있다. 그런 경우에는 투기가 아니라 투자로 봐야 한다.

사실 내 기준으로 볼 때, 주변의 많은 이가 투자가 아니라 투기를 하고 있다. 바이오 기업이 임상 1상을 통과했는데 주가가 폭등한다. 3상까지 통과한 뒤에 오른다면 모르겠는데, 1상, 2상을 통과한다고 해서 어떻게 주가가 오를까. 전문가들의 말만 듣고 삼성전자를 사는 사람들도 내 기준으로는 투기이다. 앞으로도 삼성전자 주식이 계속 오를 거라는 아무런 근거 없이 그냥 삼성전자 주식을 사고 있다. 기업 임원이 대통령 후보와 고등학교 동창이라는 이유로 주식이 폭등하는 것을 보면 정말 뭐라 할 말이 없다.

주식을 사면 투자이고 비트코인을 사면 투기인 것이 아니다. 오래 가지고 있으면 투자이고 단기에 매매하면 투기인 것도 아니다. 투자와 투기는 그 근거와 확신에 따라 구분되는 것이다. 그래서 투자와 투기는 사람에 따라 다를 수밖에 없다.

확신이 있는 사람이 매매하는 것은 투자이고 타당한 근거와 확신이 없는 사람이 매매하는 것은 투기가 된다. 그래서 누가 뭐라고 하든, 나에게 비트코인은 투자이다. 비트코인을 투기로 하는 사람도 많지만, 비트코인 투자를 하는 사람들도 그에 못지않게 많다. 함부로 비트코인을 투기 대상으로만 봐서는 안 된다.

펀드매니저는 고수익을 추구하지 않는다

2018년 6월, 『크립토애셋, 암호자산 시대가 온다』라는 책이 출간되었다. 미국에서 투자 자문사를 운영하는 크리스 버니스크라는 사람이 쓴 책이다. 2017년 가을부터 이루어진 비트코인 폭등기가 끝나고 폭락의 나락으로 떨어진 시기로, 이제 막 비트코인을 시작한 사람들이 엄청난 자산 손실을 입었다. 비트코인은 실체가 없는 버블이었다는 인식이 강해졌고, 많은 이가 비트코인 시장에서 물러났다. 바로 이 시점에 비트코인과 관련된 책이 나온 것이다. 이 책의 주제는 한마디로 요약된다.

'비트코인은 주식, 채권 등 전통적인 자산과 상관관계가

거의 없다. 따라서 비트코인은 앞으로 자산시장 포트폴리오에 포함될 것이다'

여기서 중요한 것은 비트코인이 주식과 상관관계가 없다는 점이다. 재무관리나 투자론에 대해 어느 정도 아는 사람들은 비트코인이 주식과 상관관계가 없다는 말이 얼마나 무시무시한지 알 것이다. 비트코인이 주식과 상관관계가 없으면 이는 펀드매니저들의 포트폴리오에 반드시 포함되어야 한다. 펀드매니저들이 비트코인을 자산 포트폴리오에 포함시키면 비트코인에 대한 수요는 폭발적으로 늘어날 것이다. 비트코인은 수요만 증가하면 가격이 폭등하는 자산이다. 비트코인을 포트폴리오에 포함시키기 위해 수요가 증가한다면 그 가격 상승폭은 상상할 수도 없다.

월 스트리트 같은 금융 세계에서는 펀드매니저들이 활동한다. 펀드매니저의 목적은 자산을 운용해서 수익을 내는 것이다. 그런데 사실 펀드매니저에게 더 중요한 건 손실을 내지 않는 것이다. 펀드매니저는 수익률이 높으면 엄청난 수입을 얻을 수 있다. 하지만 손실을 내면 업계에서 퇴출당한다. 1년 정도의 손실은 괜찮을 수도 있다. 하지만 2년 넘게 손실을 낸다면 100% 해고다. 수익률은 좀 낮아도 되지만 절대 손실을 내면 안 된다. 펀드매니저는 절대로 고수익 고위험을 추구하지 않는다. 저수익이더라도 저위험을 선호한다. 수익보다는 위험 관리가 더 중요한 것이다.

위험을 줄이는 방법 중 하나는 포트폴리오를 잘 구성하는 것이다. 이때 포트폴리오는 분산 투자를 의미한다. 여러 종목을 동시에 보유하면 위험도가 낮아진다. 몇십 개 종목을 보유하면 거의 손실 없이 일정 수익률을 달성할 수 있다. 재무관리 투자론에서는 이렇게 손실을 보지 않으면서 일정 수익을 얻는 방법을 가르쳐 준다. 여러 종목을 보유하기 위한 조건 중 하나는 상관관계가 없는 종목끼리 포트폴리오를 구성해야 한다는 점이다.

삼성전자 주식만 있을 때는 그 회사의 실적이 나쁜 경우 손해를 볼 수밖에 없다. 그러나 삼성전자 주식과 다른 회사 주식을 같이 보유하면, 삼성전자 주식이 떨어지더라도 다른 회사 주식이 있기 때문에 손해를 줄일 수 있다. 이게 포트폴리오의 기본 개념이다. 그런데 삼성전자와 다른 주식을 산다고 해도 삼성전자 하청업체 주식을 산다면 삼성전자 수익이 나빠질 때 하청 기업도 같이 나빠진다. 이때는 삼성전자 주식과 하청업체 주식이 있다 해도 위험이 분산되지 않는다. 삼성전자 주식과 상관없이 움직이는 주식이 있어야 위험성이 낮아진다.

예를 들어 삼성전자와 현대자동차 주식이 동시에 있으면, 반도체 시장이 나빠지더라도 삼성전자 주가만 내려가고 현대자동차 주식은 그대로이다. 그런데 삼성전자와 현대자동차 모두 한국 주식이다. 결국 주식시장이 안 좋으면 둘 다 떨어진다. 그 때문에 다른 나라의 주식도 포함해야 한다. 또 한국 주식과 다른 나라 주식을 같이 보유한다고 하더라도, 전 세계적으로 금리가 오르고 주가가 폭락하는 경우가 있다. 때문에 더 넓게는 주식 말고 다른 자산도 있어야 한다. 주식과 채권이 동시에 있으면 주식 폭락에서도 손실을 줄일 수 있다.

하지만 주식과 채권은 모두 금융 상품이다. 금융시장 자체가 안 좋으면 둘 다 손실을 본다. 부동산과 같은 비금융 상품을 보유하면 손실을 줄일 수 있다. 이런 식으로 서로 연관성 없는 상품을 같이 보유하면 위험이 감소한다. 좋은 펀드매니저는 이런 식으로 서로 상관관계가 적은 자산으로 포트폴리오를 잘 구성한다. 문제는 기존 자산과 상관관계가 적은 상품이 거의 없다는 점이다.

그런데 기존 자산과는 상관관계가 적은 상품이 새로 나타났다. 바로 비트코인이다. 그렇다면 펀드매니저들은 비트코인을 살 것이다. 펀드매니저들이 비트코인을 많이 보유하려는 것이 아니다. 30종목으로 포트폴리오를 구성한다고 하면, 비트코인은 전체 자산 중에서 3.3% 정도만 보유할 것이다. 그런데 펀드매니저들이 운용하는 자산 규모는 엄청나다. 1,000억 원 펀드라고 해도, 이 펀드의 3.3%는 33억 원이다. 미국 월 스트리트의 펀드매니저들의 자산 운용 규모는 몇조가 쉽게 넘어

간다. 이 돈의 1~2%만 비트코인에 투자한다 해도 그 규모는 엄청날 수밖에 없다.

혹자는 2020년 3월, 전 세계 주식시장이 폭락했을 때 비트코인도 같이 폭락한 것을 두고, 비트코인이 주식과 상관없이 움직이는 게 아니라고 말했다. 하지만 원래 포트폴리오 이론은 그런 경제적 패닉 상황까지 상관없이 움직이는 것을 요구하지 않는다. 전쟁, 테러, 금융위기, 자연재해 등이 발생했을 때는 어쩔 수가 없다. 아무리 포트폴리오를 잘 구성해도 이런 상황까지 위험을 피할 수 있는 것은 아니다. 포트폴리오 이론은 위험을 최소화할 수 있다는 것이지 위험을 0으로까지 할 수 있는 것이 아니다. 코로나로 모든 시장이 폭락하는 상황에서 비트코인이 주식시장과 상관관계가 없을 수는 없다. 그냥 일반적인 상황에서 상관관계가 없으면 된다.

비트코인이 주식시장과 상관관계가 적다고 해서 모든 펀드매니저가 비트코인을 포트폴리오에 넣는 건 아니다. 포트폴리오에 넣기 위해서는 자산 규모가 커야 한다. 월 스트리트 펀드매니저는 무언가를 선택하면 어마어마한 금액을 사들인다. 이때 펀드매니저들이 산다고 해서 그 상품의 가격이 크게 변동하면 안 된다. 내가 사면 가격이 오르고, 내가 팔면 가격이 내리면 곤란하다. 펀드매니저들은 전체 자산 규모가 일정 수준 이상일 때만 사들인다. 크립토애셋 책이 나온 2018년도에는 비트코인 전체 규모가 펀드매니저들이 들어갈 만한 자산 규모가 아니었다. 하지만 비트코인 자산 규모가 더 커지면 펀드매니저들이 들어올 수 있다는 것을 이야기하고 있었다.

　이건 엄청난 정보였다. 비트코인이 예술품 투자 성격에서 벗어나 금, 부동산, 원유 등과 같은 펀드매니저들의 금융 상품이 될 수 있다는 것이었다. 그렇다면 비트코인 가격이 지금과는 비교가 되지 않게 오를 것이다. 처음에 비트코인이 1억 원까지 될 수 있다고 생각하고 비트코인을 사들였는데, 이제는 몇십억이 될 수 있는 것이다.

비트코인 투자는 미술품 투자와 같다

물방울 그림으로 유명한 김창열 화백은 1970년부터 계속해서 물방울을 그렸다. 2021년 3월, 서울 코엑스에서 화랑미술제가 열렸다. 이때 김창열의 물방울 그림이 모두 판매되었다. 화랑 미술제만이 아니다. 미술품 옥션 경매가 열렸는데, 경매에 나온 김창열 그림이 모두 판매되었다. 가장 작은 그림인 1호는 8,000만 원에 거래되었고, 보통 수억 원대로 판매되었다. 김창열은 한국에서 지명도가 있는 화가였기 때문에 그동안 옥션 경매에서도 지속적으로 그림이 출품되었지만 그래도 완판까지는 아니었다. 하지만 그가 사망한 이후 이루어진 2021년 옥션 거래에서는 완판이었다.

유명 화가의 그림은 사후에 그 가치가 어느 정도까지 오를까? 이건 예측 불가능하다. 그림 하나에 몇억, 몇십억까지 올라가기도 한다. 몇백 만 원에 샀던 그림이 몇십억, 몇백억까지 오를 수 있다. 그림 투자에 가치 투자 이론을 적용해보자. 그림에 어떤 가치가 있을까? 그리고 그림은 어떻게 가격대가 형성되어야 할까? 그림의 원가는 물감이나 액자 같은 재룟값부터 화가의 노동이 포함된다. 하지만 원가 가치를 적용해서는 수억 원, 수십억 원에 육박하는 그림의 경매가를 설명할 수 없다. 그림을 보유한다고 해서 어떤 수익이 나는 것도 아니기에 가치 투자 입장에서 그림의 가치는 0이 될 수밖에 없다.

물론 그림을 집에 걸어놓으면 정서적 만족을 얻을 수도 있다. 그렇다면 그 만족감만으로 그림 가격을 설명할 수 있을까? 일단 그림을 보고 정서적 만족을 느끼는 사람 자체가 소수이다. 김창열 물방울 그림을 좋다는 사람도 있지만, '뭐 이런 그림이 몇억 씩이나 하나'라고 그림의 가치를 이해하지 못하는 사람도 있다. 무엇보다 김창열 그림에 정서적 평안을 얻고자 그림을 구매하는 것이라면, 김창열 화백이 사망한 이후에 그림 값이 갑자기 폭등할 리가 없다.

그렇다면 그림이 워낙 훌륭해서 다른 사람이 절대 그릴 수 없는 명작이기 때문에 비싼 것일까? 그것도 아니다. 김창열의 물방울 그림은 지금 미대에 다니는 학생도 똑같이 그릴 수 있다. 김창열만이 아니라, 파블로 피카소, 레오나르도 다빈치의 유명한 그림 역시 똑같이 그릴 수 있는 화가가 넘쳐난다. 결국, 그림 자체가 뛰어나서 그림값이 높은 것은 아니다.

김창열 화백의 물방울 그림이 높은 가격인 이유는 두 가지다. 하나는 더는 작품이 나오지 않는다는 공급의 고정성. 그리고 이 그림에 대한 수요가 앞으로도 계속 있을 것이라는 기대감. 이는 김창열 화백의 그림만이 아니라 전 세계의 모든 그림에 적용된다. 유명 화가가 사망했을 때, 그림값이 폭등하기 시작한다. 그리고 그림에 대한 수요가 있으면 가격은 천정부지로 올라간다.

많은 사람이 그 그림을 좋아하고 구매할 필요는 없다. 몇천만 원, 몇억 원의 그림을 사고자 하는 사람들은 극소수일 뿐이다. 한국에서 몇십억, 몇백억의 그림을 사고자 하는 사람들은 많아 봐야 몇백 명밖에 되지 않는다. 그 사람들이 그림값을 올리는 것이다. 사실 몇백 명까지도 필요 없다. 경매에서 돈 많은 사람 두 명만 서로 그림을 가지려고 경쟁하면 그림값은 보통 사람들이 상상할 수 없는 수준으로 폭등한다.

내가 보기에 비트코인과 가장 비슷한 투자 방식이 바로 이러한 미술품이다. 비트코인의 공급량은 2,100만 개로 고정되어 있다. 이는 작고한 화가의 작품 수가 고정된 것과 같다. 여기서 문제는 수요이다. 비트코인에 대한 수요가 2,100만 개

보다 낮으면 비트코인의 가격은 헐값이 될 것이다. 수요가 없는 화가의 작품이 아예 거래되지 않는 것과 마찬가지이다. 그러나 비트코인에 대한 수요가 2,100만 개가 넘으면 그 가격은 예측할 수가 없다. 전 세계적으로 비트코인에 대한 수요가 2,200만 개만 되어도 비트코인 가격은 예상할 수 없게 높아진다. 일반 사람들이 비트코인에 대해 어떻게 생각하느냐는 아무 상관 없다. 비트코인을 사려는 사람들이 어느 정도 재력을 가진 사람이냐에 따라 비트코인 가격은 몇억 원이 될 수도 있고 몇십억 원이 될 수도 있다.

비트코인이 내재 가치가 없다느니, 아무런 이익도 발생시키지 못한다느니 하는 것도 문제 될 게 없다. 미술품과 달리 비트코인은 정신적 만족감을 주지 않는다는 것도 이를 소유하지 못한 이들이 하는 말이다. 비트코인이 한 개 이상 있으면 분명 만족감이 있다. 그 만족감만으로 몇천만 원이나 하는 비트코인 가격이 정당화되지는 않지만, 비트코인이 있다는 만족감은 생각보다 크다. 이는 주식보다 훨씬 더 큰 만족감이다.

사람들은 비트코인을 비판하면서 가치 투자의 입장에서 말한다. 하지만 미술품 투자에서는 누구도 가치 투자의 입장에서 미술품 투자를 바라보지 않는다. 비트코인은 가치 투자가 아니다. 기본적으로 미술품 투자와 같다. 미술품 투자로 바라볼 때 지금 비트코인의 가격과 움직임을 이해할 수 있다.

모두가 원하는 가상 화폐계의 에르메스

차를 타고 가는데 삼거리 교차로가 나왔다 하자. 앞에 가는 차는 오른쪽으로 돌거나 왼쪽으로 돌 것이다. 앞차가 오른쪽으로 돌지 왼쪽으로 돌지 내기를 한다면, 이것은 도박일까 아닐까?

이 선택이 도박이냐 아니냐는 앞차에 대한 정보가 어느 정도 있느냐에 따라 달라진다. 그 동네에 처음 오고, 앞차 운전사에 대한 정보가 아무것도 없는 상태라면, 이런 것은 도박이다. 하지만 동네에 대해 잘 아는 사람이라면 앞차가 오른쪽으로 갈지 왼쪽으로 갈지 결정하는 일이 도박이 아니다. 오른쪽으로 가면 대형 마트가 나오고, 왼쪽으로 가면 등산로가 나온다고 하자. 길이 어디로 통하는지 아는 사람이라면 보다 높은 확률로 정답을 맞힐 수 있다. 주말 오전이라면 등산로로 가는 왼쪽이 가능성이 높고, 저녁이라면 대형마트로 가는 오른쪽 길로 갈 것이라고 예측할 수 있다.

　만약 앞차의 번호판을 보고 운전자가 누구인지까지 아는 사람이라면 보다 확실하게 예측 가능하다. 물론 이런 예측이 100% 확실한 것은 아니다. 도박이냐 아니냐는 앞차가 오른쪽으로 갈까 왼쪽으로 갈까, 하는 문제에 따라 결정되는 게 아니다. 그 동네와 앞차에 대해 아무것도 모르는 사람에게는 도박이지만 그 동네의 성격과 운전자를 알고 있는 사람에게는 도박이 아니다. 이런 사람에게는 성공 확률이 높은 투자가 된다. 주사위 던지기에서 짝수가 나올까 홀수가 나올까를 예측하는 것은 도박이다. 주사위에 대해 아무리 많이 알아도 짝수가 나올지 홀수가 나올지를 합리적으로 예측하는 것은 불가능하기 때문이다. 짝수가 나오느냐 홀수가 나오느냐는 철저히 운에 따라 결정된다. 도박이냐 아니냐는 어떤 게임이냐에 따라 결정되는 게 아니다. 그 게임에 대해 어느 정도 알고 있느냐, 어느 정도 합리적인 판단을 할 수 있느냐에 따라 달라지는 것이다.

　비트코인은 도박일까 투자일까? 비트코인을 비판하는 사람들은 비트코인에 돈을 집어넣는 것이 도박에 불과하다고 본다. 비트코인 가격은 오르거나 내리는 것 두 가지밖에 없다.

그리고 이런 건 판단이 불가능하다. 아무런 근거 없이 비트코인이 앞으로 오를 거라 보고 비트코인을 산다. 비트코인이 오르면 수익을 얻지만 비트코인이 내려가면 손해를 본다. 때문에 비트코인 투자는 운에 기대하는 도박이라 본다.

나는 비트코인이 도박이라는 것에 절대 동의할 수 없다. 주식시장이 도박이라는 사람도 있는데, 그런 견해에 대해서도 절대 찬성할 수 없다. 비트코인이 도박이라는 사람, 주식시장이 도박이라는 사람은 도박을 너무 쉽게 보는 것이다. 도박은 주식, 비트코인처럼 간단한 게 아니다. 분명히 말하는데 도박은 주식이나 비트코인보다 훨씬 더 어렵다. 질적으로 다르다. 때문에 주식과 비트코인을 도박이라고 하는 것은 도박의 세계를 모욕하는 것이다.

도박판이 무서운 이유는 승부에서 지면 베팅한 돈을 한순간에 모두 잃는다는 점이다. 10만 원을 베팅했을 때 지면 10만 원을 모두 잃는다. 100만 원을 베팅했을 때 지면 100만 원을 잃는다. 지금 베팅한 돈을 한순간에 날린다는 것은 엄청난 심리적 타격을 안긴다. 주식은 아무리 손해를 본다 해도 한순간에 돈이 사라지지는 않는다. 10% 하락이면 폭락이다. 금융위기 같은 대사건이 발생하면 50% 이상 하락하기도 한다. 하지만 50%가 하락했다고 해도 50%는 남는다. 그리고 주식은 폭락하는 도중에 빠져나올 수 있다. 손실을 보기는 하지만 더 큰 손실을 피하고자 대처할 방법이 있다. 그러나 도박은 정말 한순간에 모든 게 끝난다.

무엇에 투자하느냐보다 더 중요한 것은 심리이다. 폭등과 폭락을 어떻게 버텨낼지가 투자에서 더 중요하다. 그런데 그런 심리적 압박 측면에서 가장 무서운 것은 도박판이다. 차근차근 돈이 감소하는 주식시장은 한 번에 모든 돈이 없어지는 도박판과 비교할 바가 못 된다. 비트코인도 마찬가지다. 비트코인은 수시로 폭등과 폭락을 반복한다. 그런데 어느 한순간에 반타작이 되는 경우는 없다. 하루에 20% 정도 떨어지는 것이 최대 하락 폭이다. 50% 이상 떨어진 적도 있지만, 1년 가까이 천천히 떨어진다. 주식시장보다 훨씬 변동 폭이 더 크기는 하지만, 도박판에 비교할 것은 아니다.

주식이나 비트코인이 도박이 아닌 이유는 어느 정도 합리적인 예측이 가능하다는 점이다. 주식이 오늘 당장 오를까 내릴까를 판단하는 게 어렵다고들 한다. 하지만 추세 분석을 하는 사람들은 그래프의 움직임을 보고 오를지 내릴지를 판단한다. 내가 그 판단을 할 수 없다고 해서 도박이라고 비판해서는 안 된다. 나에게는 안 보여도 다른 사람에게는 보이는 게 있다. 지금 당장 오를지 내릴지는 몰라도, 앞으로 몇 달, 몇 년 후에는 어떻게 될지가 보이는 사람들이 있다. 그런 판단으로 주식, 비트코인을 하는 사람들을 도박이라고 비판해서는 안 된다.

사실 나는 카지노에 많이 다녔지만, 도박을 할 줄 모른다. 이번에 홀이 나올지 짝이 나올지에 10만 원을 베팅하는 일은 죽어도 할 수 없다. 모든 것을 운에 맡기고 돈을 거는 건 내가 할 수 없는 일이다. 내가 베팅한 것은 앞으로 주사위를 10번 던질 때 그중에 한 번은 홀이 나올 것이라는 점이었다. 난 지금 당장 홀이 나온다는 것에 베팅하지 않았다. 앞으로 10번 이내에는 홀이 나온다는 것에 베팅했다. 앞으로 10번 이내에 홀이 나올 확률은 99.9%이다. 이런 확신으로 게임을 하는 것은 도박이 될 수는 없다고 본다. 펀드를 하면 투자이고 비트코인을 하면 도박이 되는 것이 아니다. 모르고 하면 펀드도 도박이고, 알면서 하면 비트코인도 투자가 된다. 어떻게 접근하느냐에 따라 투자인지 도박인지가 달라진다.

도박의 세계는 더 엄혹하다

서울 강남 아파트는 왜 비쌀까? 강남 아파트가 다른 지역 아파트보다 훨씬 더 잘 만들어서가 아니다. 아파트 자체는 전국 어디를 가도 비슷하다. 오히려 강남에는 신축 아파트가 드물다. 어쩌면 다른 지역의 신축 아파트나 신도시 아파트가 훨씬 더 나을지도 모른다. 그런데도 강남 아파트가 월등히 비싸다.

　강남 아파트가 비싼 이유는 여러 가지다. 우선 이 지역은 문화 시설이 많고, 교통이 편리하다. 그리고 무엇보다 학군이 좋다. 그러나 이런 것 때문에 강남 아파트가 비싸다고 하기에는, 강남 아파트는 너무 비싸다. 문화시설을 더 편리하게 이용할 수 있다는 이유로 가격이 두 배 이상으로 붙을 수는 없다.

교통이 편하다는 이유로 10억 원 이상이 차이가 날 수는 없다. 하지만 강남 아파트는 다른 지역 아파트랑 비교할 수 없을 만큼 비싸다.

강남의 집값이 비싼 이유는 강남 아파트가 지위재이기 때문이다. 예를 들어 벤츠를 타고 다닌다고 하면 그 사람이 여유가 있다는 걸 누구나 다 인정한다. 내가 어디에 살고, 예금이 얼마 있고, 재산이 얼마고를 설명할 필요가 없다. 벤츠를 타면 그냥 어느 정도 사는 사람이라고 생각한다. 이렇게 어떤 상품을 구매하면 그 사람의 사회적 지위, 부의 수준을 바로 예측할 수 있는 것을 지위재라 한다. 강남 아파트에 살면 한국 사회에서 어느 정도 사회적 지위가 있다는 것이 바로 인정된다.

이런 재화는 단순히 그 상품의 가치에 따라 가격이 매겨지지 않고 플러스알파가 존재한다. 에르메스, 샤넬은 대표적인 지위재이다. 사람들은 그 백의 원가가 얼마이고, 그만한 가치가 있는지를 따지지 않는다. 그냥 산다. 에르메스 백이 있다는 자체가 말해 주는 무언가가 있다. 다른 백이 아무리 많아도, 심지어 에르메스보다 더 비싼 백을 들고 있어도 충족되지 않는 무언가가 있다. 지위재는 비싸다. 일반적 상식으로는 이해되지 않는다. 하지만 사람들은 이런 상품을 찾는다.

비트코인 역시 실제 가치보다 터무니없이 비싸다. 많은 사람이 비트코인 가격이 비이성적이라고 본다. 하지만 나는 비트코인 가격이 높은 이유 중 하나로 비트코인이 지위재의 성격을 지녔기 때문이라고 본다. 비트코인은 아직 사회적으로 완전히 지위재로 인정받지는 못하지만 점점 지위재로서의 위치를 지니게 될 것 같다.

나는 다양한 상품에 투자를 해왔다. 오랫동안 장기적으로 가지고 있었던 투자 상품은 거의 없지만, 이것저것 다 손댄 경험이 있다. 그런데 내가 어떤 투자 상품이 있다고 말을 했을 때, 그 반응이 가장 독특했던 게 바로 비트코인이었다.

다른 것을 이야기하면 별 반응이 없던 사람들도 비트코인 이야기를 하면 반응이 달랐다. 비트코인이 있다는 것은 단순히 투자를 한다는 것 이상의 무언가를 보여준다. 소위 전통적인 투자자들은 비트코인을 하지 않는다. 즉 비트코인을 한다는 것은 무언가 새로운 것을 한다는 의미이다. 비트코인이 첨단 과학과 함께 시대를 앞서가는 것으로 인정될 수는 없다. 하지만 투자자들 사이에서 비트코인은 아직 신상품이다. 비트코인에 투자한다는 것 자체가 상당히 새로운 것에 도전한다는 이미지를 심어준다.

또 비트코인은 상대적으로 여유가 있다는 것을 말하기도 한다. 주식보다 비트코인이 있다고 할 때 사람들은 내 투자 자금이 보다 여유 있다고 생각했다. 무엇이 있느냐보다 얼마나 있는지가 더 중요한 것인데, 그 보유량까지는 잘 생각하지 않는다. 비트코인은 다른 알트코인과는 또 다르다. 이더리움, 트론 등이 있다고 하면 아무 반응이 없다. 비트코인은 가상 화폐의 에르메스 같은 존재이다. 다른 알트코인이 아무리 많아도 비트코인 하나를 당해내지 못한다. 비트코인을 한다고 하면 다른 알트코인 투자보다 무언가 더 한 단계 높은 수준으로 인식된다.

투자를 하는 사람이 아니더라도 이제 비트코인은 누구나 다 알고 있다. 무언가 새로운 것이라는 것, 그리고 굉장히 높은 가격대를 유지한다는 것도 비트코인을 가졌다는 것은 그 자체로 사람들에게 신선함을 준다. 꼭 긍정적인 인상만은 아니다. 비이성적인 투기를 한다는 부정적인 인상을 주기도 한다. 중요한 것은 비트코인이 상징하는 그 무언가가 존재한다는 것이다. 그것이 바로 지위재가 되기 위한 첫 번째 조건이고 가장 중요한 조건이다. 비트코인이 있다는 것 그 자체만으로 무언가가 있다.

내가 처음 비트코인을 살 때, 비트코인이 있으면 무언가 쿨한 이미지가 있다는 것도 중요한 구매 요인이었다. 그런데 그런 무언가 쿨한 이미지는 계속해서 강화되고 있다. 비트코인은 2,100만 개만 생산되고, 기관과 기업이 대부분을 가져간다. 전 세계 70억 인구 중에서 비트코인 한 개 이상을 가진 사람은 많아야 몇만 명, 몇십만 명뿐일 것이다. 나중에는 비트코인이 있다는 것 자체가 특별한 존재라는 것을 말해 줄지도 모른다. 비트코인이 이런 지위재가 되면, 그때 가격은 아무 문제가 되지 않는다. 사람들은 가격이 얼마든 비트코인을 사려고 할 것이다. 지금도 보통 사람들이 비트코인 한 개를 온전히 가지기는 힘들다. 정말로 지위재가 되면 비트코인 가격은 지금은 상상할 수 없는 수준이 될 것이다.

비상금으로 달러 대신 코인을 챙기면 된다

2017년, 유시민과 정재승이 JTBC 뉴스룸에서 비트코인, 가상 화폐에 대한 토론을 했다. 유시민은 비트코인 반대파였고, 정재승은 가상 화폐 찬성파였다. 정재승은 화폐가 무엇인지 설명하면서 비트코인이 화폐가 될 수 있다고 주장했다. 이에 유시민은 화폐에 대한 국가 권력을 강조하면서, 공권력의 보장이 없는 비트코인이 화폐가 될 수 없다고 주장했다.

그렇다면 비트코인은 화폐로 사용될 수 있는지 없는지. 우리 주위를 살펴보면 비트코인이 화폐로 사용될 가능성은 희박해 보인다. 비단 비트코인뿐만 아니라 다른 어떤 가상 화폐도 화폐로 사용될 것 같지 않다. 우선 비트코인을 받아주는 가

게가 없다. 한국 어디에서도 비트코인으로 결제할 수 없다. 비트코인을 현금으로 바꿔야만 사용이 가능한데, 비트코인을 현금으로 바꾸기란 쉽지 않다. 일단 거래소에 연결된 예금 계좌가 있어야 하고, 출금 신청을 한다 해도 당장 현금이 입금되지 않는다. 한국에서는 원화가 자유롭게 유통되는데 이렇게 복잡한 과정을 거쳐야 하는 비트코인이 화폐로 사용될 가능성은 없어 보인다. 2017년 유시민과 정재승의 토론은 찬반 논란이 있었지만, 절대적으로 유시민이 유리했다.

그런데 이런 논의에서 한 가지 간과하고 있는 사실이 있다. 한국의 원화가 자유롭게 사용되는 것은 맞다. 그런데 그것은 어디까지나 한국에서만 통한다. 외국에 가면 원화를 쓸 수 있는 곳이 없다. 국가가 지정한 공신력, 국가가 보장하는 안정성, 법적으로 사용되도록 보장된 통용성 등은 한국 내에서만 이루어질 뿐이다. 하지만 비트코인은 외국에 나가면 원화보다 훨씬 더 쓰임새가 있다. 외국에서 원화를 받아 주는 상점은 없지만, 비트코인을 받아 주는 상점은 있기 때문이다.

나는 해외여행을 다닐 때마다 비상금을 따로 챙겨가곤 한다. 외국에서 무슨 일이 벌어질지 모르기에 현금이 필요했다. 한국에서는 현금이 없으면 카드를 사용하면 되지만, 외국에서는 사정이 다르다. 카드가 있다 해도 현금이 있어야 할 때가 있다. 특히 경제가 발달한 수도에서 떨어진 지방 쪽으로 갈 때는 현금이 더 필요하다. 보통 비상금으로 챙긴 통화는 달러였다. 전 세계에서 통용되는 달러는 상점에서 바로 받지 않는다 해도, 환전소에서 언제나 현지 화폐로 교환해 준다. 때때로 유럽에 갈 때는 달러가 아닌 유로를 준비했다.

외국에 갈 때 달러가 좋기는 하지만 범죄의 표적이 되기도 했다. 원화가 아무리 많아도 소매치기나 강도의 표적은 되지 않는다. 하지만 몇백 달러 이상의 현금이 있다면 얘기가 달라진다. 그런데 비트코인이 생겼다. 2014년, 난 여행 비상금을 챙길 때 비트코인으로 챙겼다. 비트코인으로 준비하면 소매치기당할 염려도 없으면서 충분히 비상금의 역할을 했다.

비트코인은 국제적인 상품이기 때문에 국가 정책이 금액에 별다른 영향을 미치지 못한다. 국제경제학에서는 국가를 가격 설정자와 가격 수용자로 구분한다. 가격 설정자는 국제 시장 가격을 변화시킬 힘이 있는 국가이다. 미국은 전형적인 가격 설정자이다. 미국이 얼마나 생산하고 소비하느냐에 따라 국제 가격이 달라진다. 미국의 생산량과 소비량에 따라 국제 생산량과 국제 소비량이 달라지기 때문에 국제 가격도 달라진다. 원유의 경우 사우디아라비아가 가격 설정자이다. 반면 가격 수용자는 국제적으로 결정된 가격을 그대로 받아들이는 국가이다. 전 세계 수요량과 공급량에 큰 영향을 미치지 못하기에, 국제 가격에 영향을 미치지 못한다.

국제 경제에서 한국은 가격 수용자이다. 국제 시장에서 정해진 가격을 그대로 받아들이는 국가이지, 국제 가격에 영향을 미치는 국가가 아니다. 삼성전자가 반도체 시장에서 엄청난 지위를 차지해도 가격 수용자라는 사실은 달라지지 않는다. 삼성전자는 반도체 가격을 마음대로 붙여서 팔지 못한다. 국제 시장에서 결정된 가격대로 반도체를 팔 뿐이다. 비트코인 가격을 이해하기 위해서는 한국이 가격 수용자라는 것을 분명히 인식해야 한다. 비트코인 가격은 국제적으로 정해지는 것이지, 한국이 정하는 것이 아니다. 그 때문에 한국이 비트코인 가격에 큰 영향을 미치지 못한다.

　　한국에서 비트코인 관련 기사들을 보면, 비트코인이 왜 오르고 내리는지에 관해 설명한다. 그런데 그 이유를 보통은 한국 내의 사건으로 설명한다. 정부가 규제안을 발표해서 비트코인이 떨어졌다, 금융위원회의 누가 비트코인에 대해 부정적인 발언을 해서 시장이 반응했다, 한국 비트코인 거래소가 어떤 조치를 해서 비트코인 가격에 변동이 생겼다 등등의 이야기를 한다. 한국의 2~30대가 가상 화폐 시장에 뛰어들어서 비트코인, 가상 화폐 가격이 올랐다는 이야기하기도 한다. 하지만 실상은 그렇지 않다. 비트코인 가격은 국제적으로 정해지기 때문에 한국 내의 사건이 비트코인 가격에 영향을 미치지는 못한다.

국제 시장 가격이 오르면 한국의 비트코인 가격도 오르고, 국제 시장 가격이 내리면 한국의 비트코인 가격도 내린다. 국제 시장의 움직임으로 비트코인 가격을 살펴봐야지, 한국 내의 사건으로 비트코인 가격을 추정하면 오류가 발생할 수밖에 없다. 한국 정부가 규제안을 발표해서 비트코인 가격이 내려갔다는 식으로 추정을 해서는 곤란하다. 한국 내의 사건이 비트코인 가격에 영향을 미치는 부분이 있기는 하다. 국제 가격보다 더 높은 김치 프리미엄 부분이다. 그러나 이 김치 프리미엄은 국제 가격보다 더 높은 가격 부분만 설명할 뿐이지, 비트코인 가격의 추세를 설명하지는 못한다.

중요한 것은, 국제 가격이 올라가면 한국의 비트코인 가격이 올라가고, 국제 가격이 내려가면 한국의 비트코인 가격이 내려간다는 점이다. 하지만 2017년 비트코인 광풍이 사라진 게 정부의 강력한 대처 때문이라는 설명은 인정하기 어렵다. 정부가 강력히 규제해서 비트코인 가격이 폭락한 것이 아니라, 국제 시장에서 비트코인이 폭락하면서 한국의 가격도 폭락한 것이다. 마찬가지로 지금 비트코인이나 가상 화폐 가격의 급등락을 방지하기 위해 정부가 무언가를 해야 한다는 논리도 인정할 수 없다. 비트코인은 국제 상품이다. 그리고 한국은 가격 수용자다. 이제는 이 틀에서 비트코인을 바라봐야 한다.

비트코인이 0원이 될 가능성은 제로

비트코인, 그리고 가상 화폐에 대해 비관적으로 보는 견해 중 하나는 비트코인, 가상 화폐가 언제 대폭락할지 모른다는 점이다. 주식에는 기업이라는 실체가 있다. 부동산도 땅과 건물이라는 실체가 있다. 따라서 주식이나 부동산 등은 떨어지더라도 일정 수준 이하로는 떨어지지 않는다. 기본 가격이 존재한다. 하지만 비트코인은 그런 실체가 없다. 아무리 지금 가격이 높다 하더라도 어느 한순간에 대폭락할 수 있다.

그렇다면 이 대폭락이라는 것은 어느 정도를 말하는 걸까? 전문가들의 인터뷰를 보면, 대폭락의 기준은 보통 20% 이상 떨어지는 것을 의미한다. 2021년 1월 미국 루비니 교수가 곧 비트코인이 대폭락할 거라면서 하루아침에 20%가 떨어질 거라고 이야기했고, 투자 분석가들 역시 비트코인이 20%의 대폭락을 맞이할 것이라고 이야기하곤 한다.

그런데 투자의 세계에서, 특히 비트코인에서 20% 떨어지는 것을 대사건으로 서술하는 것은 무리가 있다. 마이크로소프트, 삼성전자 같은 주식이 20%가 한순간에 떨어지는 것은 분명 엄청난 사건이다. 마찬가지로 미국 국채가 20% 폭락하면 엄청난 사건이다. 그런데 비트코인은 하루이틀 사이에 20% 이상 떨어지는 일은 일 년에 한두 번씩 겪고 있다. 이건 대폭락이 아니라 항상 있었던 일이다. 그리고 이런 대폭락을 맞는다고 해서 비트코인이 가치가 없어지는 것도 아니다. 2021년 4월 현재 비트코인은 6,000만 원대인데, 20% 떨어진다고 해도 5,000만 원이다. 비트코인 하나에 5,000만 원이면 여전히 그 가치를 무시할 수 없다.

내가 가진 비트코인은 8년 동안 반타작 난 적만 해도 4번 이상 된다. 평균 2년에 한 번씩 반타작되었다. 하지만 비트코인은 그 이전보다 더 올랐다. 20% 하락, 50% 하락을 대폭락이라면서 투자를 막는 주장에는 무리가 있다. 투자의 세계에서 이 정도 가격 하락은 계속해서 벌어지는 일이다. 2020년 봄, 세계 원유 가격은 1갤런당 60불 하던 것이 20불, 10불대로 떨어졌었다. 그러다가 심지어 마이너스 가격으로 치달아 원유를 가져가면 돈을 준다는 거래까지 형성되었다. 주식시장에서 1년 사이에 주가가 10분의 1로 떨어지는 기업도 다반사이다. 비트코인을 비판하는 사람들은 다른 투자시장이 굉장히 안정적이라고 생각하는데, 실상은 그렇지 않다. 삼성전자, 현대자동차 같은 대기업만 그나마 안정적인 움직임을 보일 뿐이다. 코스닥 기업으로 가면 주가의 널뛰기는 비트코인보다 심하면 심했지 덜하지 않다.

정말 무서운 것은 비트코인 가격이 단순히 몇십 퍼센트 떨어지는 것이 아니라, 0으로 수렴하는 것이다. 이러면 비트코인에 투자한 재산을 모두 날리게 된다. 비트코인 가격이 0원으로 떨어질 수 있을까? 떨어질 수 있다고 본다. 가격은 수요와 공급에 의해서 결정된다. 비트코인은 공급이 고정되어 있으니 가격을 결정하는 요소는 수요이다. 수요가 급락하면 비트코인 가격도 급락한다. 아무도 비트코인을 사려고 하지 않으면 비트코인 가격도 0원에 가까워진다.

그러면 어떤 경우에 비트코인에 대한 수요가 없어질까? 비트코인에 대한 수요가 많이 감소할 가능성은 얼마나 될까? 비트코인을 투자의 대상, 돈을 벌기 위한 대상으로만 보는 사람들의 수요는 언제든지 급감할 수 있다. 이들은 비트코인 가격이 오르지 않으면 언제든지 비트코인을 떠난다. 2017년, 비트코인 폭등기에 비트코인, 가상 화폐 가격이 크게 오르는 것을 보고 수요가 급등했다. 비트코인이 오르는 동안, 이 수요도 같이 증가했다. 하지만 비트코인이 폭락하고, 700만 원에서 1,000만 원대의 가격이 오랫동안 유지되면서 많은 투자자가 떠났다. 오를 것 같지 않으면 쳐다보지도 않는다. 그리고 2020년 겨울, 비트코인이 다시 크게 오르자 다시 투자자들이 몰려들었다. 이런 수요는 언제든지 사라질 수 있다.

그런데 비트코인 가격이 오르지 않고 제자리걸음만 하는데도 계속해서 비트코인을 찾는 사람들이 있다. 2018년 이후 비트코인 침체기에도 비트코인을 떠나지 않고 계속 비트코인을 들고 있고, 또 더 구매하는 사람들이다. 사실 비트코인 가격을 유지하는 사람들은 이 사람들이다. 돈을 벌고 투자, 투기하기 위해서 비트코인을 하는 사람들은 비트코인의 변동성, 폭등과 폭락에 영향을 큰 영향을 준다. 하지만 비트코인이 엄청난 폭락을 겪으면서도 일정 수준 이하로 가격이 내려가지 않고, 해마다 최저 가격이 계속 올라갔던 이유는 바로 비트코인을 언제나 믿고 보유한 사람들 때문이다.

사람들이 아무도 비트코인을 찾지 않으면 비트코인은 분명 0원이 될 것이다. 그러면 앞으로 몇 년 내에 아무도 비트코인을 찾지 않는 일이 벌어질까? 비트코인이 무슨 용도가 있는 것이라면, 더 나은 개발품이 나오면 비트코인 수요는 0이 될 것이다. 스마트폰이 나온 이후로 아무도 피처폰을 찾지 않은 것과 마찬가지다. 그런데 비트코인은 용도가 따로 있는 상품이 아니다. 더 나은 개발품이 나온다고 비트코인에 대한 수요가 떨어지지는 않을 것이다. 마찬가지로 비트코인보다 더 편리한 가상 화폐가 나왔다고 비트코인에 대한 수요가 떨어지는 것도 아니다.

　　비트코인이 미술품이라고 생각하면 단기간, 앞으로 몇 년 내에 비트코인에 대한 수요가 없어질 것이라고는 생각하기 힘들다. 몇십 년에 걸쳐 수요가 사라져갈 수는 있겠지만, 최소한 십 년 내에는 그럴 일이 없다고 생각한다. 미술품에 대한 기호, 수요는 그렇게 쉽게 바뀌는 것이 아니다. 비트코인으로 돈을 벌고자 하는 투자 수요는 사라질 수 있다. 그러나 비트코인 자체를 가지고 싶어 하는 수요는 계속 유지될 것이다. 이런 사람들이 있는 한, 비트코인 가격이 대폭락해서 0원까지 될 가능성은 없다고 본다.

지금도 일론 머스크는 비트코인을 산다

2014년에 비트코인을 처음 산 이후, 누가 비트코인 가격이 얼마나 오를 것 같냐고 물으면 "최소 1,000만 원에서 1억 원까지도 가능하다"라고 말했다. 사실 1억이라고 이야기했지만 실제로는 더 높아질 거라 생각했다. 전 세계적으로 1억 명 정도가 비트코인을 사용하려고만 하면 비트코인이 10억이 넘기는 건 그리 어려운 일은 아니다.

내가 비트코인이 1억 원이 될 수 있다고 하면 사람들은 헛소리라고 치부했다. 하지만 2021년 9월 기준 비트코인은 5,000만 원을 넘었다. 앞으로 50%만 더 오르면 1억 원이 넘는다. 그리고 10~20%는 우습게 오르락내리락하는 비트코인의 변동성을 고려할 때, 50% 상승은 며칠 내로 달성할 수 있는 상승폭이다. 이후 대폭락을 할 수도 있지만, 어쨌든 더는 1억이 불가능한 수치가 아니게 되었다.

내가 처음 비트코인을 산 2014년과 지금을 비교하면 많은 변화가 있었다. 지난 7년간 비트코인과 관련된 가장 큰 변화는 일단 비트코인이 일반인에게 많이 알려졌다는 점이다. 2014년 당시 비트코인은 몇몇 컴퓨터 프로그래머나 마니아들 사이에서만 알려져 있었다. 대부분의 사람은 비트코인에 대해 전혀 알지 못했다. 그런데 지금은 비트코인에 대해 누구나 다 안다. 비트코인이 정확히 뭔지는 모르더라도, 비트코인에 대한 견해가 다르더라도, 어쨌든 비트코인이라는 단어가 더는 생소하지 않게 되었다. 나는 비트코인을 보유하고 거래하는 사람이 소수일 거라 생각했다. 전 세계 70억 인구 중에서 몇천만 명만이 비트코인을 거래하면 성공이라고 보았다. 그런데 이제는 전 세계 대부분의 사람이 비트코인을 안다. 일반인의 비트코인의 수요가 폭증한 것이다. 공급이 고정된 비트코인은 수요가 증가하면 가격은 폭등한다. 1~2억 수준이 아니라, 10억대는 충분히 갈 수 있다.

둘째, 비트코인과 관련해서 큰 변화가 있었다. 비트코인이 자산 포트폴리오의 하나로 여겨지기 시작했다는 점이다. 주식, 채권, 금, 부동산 등 전통적인 자산 포트폴리오 요소에 비트코인이 추가되었다. 이렇듯 비트코인이 자산으로 인정받으면 비트코인은 몇억은 분명히 넘는다. 펀드매니저, 특히 미국 펀드매니저는 돈이 많다. 자산 구성에 필요하면 가격과 상관없이 비트코인을 살 것이다. 계속해서 자산 포트폴리오 편입이 진전되면 비트코인은 몇십억도 갈 수 있다.

셋째, 전 세계적으로 유명한 부호들이 비트코인에 관심을 보이기 시작했다. 비트코인에 가장 폭발적인 변화를 유발할 수 있는 것이 바로 이 부자들의 태도라고 볼 수 있다. 일본 만화 『마스터 키튼』에 귀한 고서를 가진 사람이 책을 팔려고 하는 에피소드가 나온다. 이 고서는 굉장히 귀중한 것이지만 보통 사람들은 그 가치를 모른다. 그래서 판매자는 고서의 가치를 제대로 아는 학자를 찾아간다. 학자는 귀중한 고서를 보고 굉장히 반가워하지만, 책값을 부담스러워한다. 이때 다른 동료가 판매자를 구박한다. 이런 상품은 학자에게 가져가는 것이 아니다. 돈 많은 수집가에게 가져가야 한다. 수집가는 그 품목이 희귀성이 있다고 생각하면 가격과 상관없이 구매한다. 일반인들이 상상할 수 없는 가격을 지불하고라도 가지려고 한다. 이런 수집가들에게 그 상품의 진짜 가치가 얼마인지는 별 의미 없다. 이 상품은 자기가 누구라는 것을 보여주는 상징물이고, 자기 정체성을 드러내는 상품, 소위 지위재인 것이다.

부자들의 정체성을 드러내는 상품으로 이들의 수집 대

상이 되면, 그 상품의 가격은 얼마가 될지 짐작도 할 수 없다. 2021년 3월 11일, 디지털 미술가 비플의 작품 〈매일: 첫 5000일〉이 780억 원에 팔렸다. 진짜 그림이 아니라 디지털 파일이 780억 원에 팔린 것이다. 작품을 직접 만든 미술가 비플은 가격이 말도 안 된다고 평가했다. 그 작품을 만드는 데 들어간 공과 시간을 가장 잘 아는 작가 자신이 말도 안 되는 가격이라고 공언한 것이다. 하지만 돈 많은 수집가나 돈 많은 유명인에게는 작품의 진짜 가치가 중요하지 않다. '내가 이것을 가지고 있다'라는 것 자체가 중요하다. 이것을 위해서는 몇백억 원도 아깝지 않다. 유명 그림이 몇백억 원씩 가는 것은 그림 자체의 가치보다는 이런 돈 많은 수집가가 몰려들기 때문이다.

비트코인이 이런 수집 대상이 될 가능성이 있다. 일론 머스크는 테슬라 사주로 유명하지만, 지금은 그에 못지않게 비트코인을 대량으로 산 거로 유명하다. 비트코인을 가지고 있으면 그 자체로 상징하는 것이 있다. 벤츠, 포르쉐, 페라리를 가지고 있는 것과 비트코인을 몇 개 가지고 있다는 것 중에 남들의 시선을 더 끄는 건 무엇일까? 예전에는 분명히 벤츠를 가지고 있는 것이 더 사회적으로 의미 있는 이미지를 주었다. 그런데 지금, 비트코인이 점차 그런 이미지를 구축해 나가고 있다. 지금 비트코인이 있다는 것은 단순히 돈이 있다는 것을 넘어서서 무언가 정체성과 이미지를 형성해 가고 있다. 그리고 정말로 비트코인에 그런 이미지가 정착되면, 그때는 비트코인 가격이 추정 불가능하다. 비트코인의 진짜 가치가 얼마냐의 이야기는 아무 소용없다. 지금 유명한 화가의 그림이 부자나 수집가들만의 거래 대상이듯이, 비트코인도 그렇게 될 수 있다.

그렇게 되면 비트코인 가격은 몇억, 몇십억 수준이 아니게 된다. 몇백억이 되어도 이상하지 않다. 시중에 유통되는 비트코인이 거의 없어지고, 유명 경매에서나 비트코인이 거래될 수도 있다. 그러면 몇천억이 될 수도 있다. 비트코인의 가격에 대한 지금 내 생각은 이렇다. 몇억은 분명히 간다. 몇십억도 충분히 가능하다. 몇백억도 갈 수 있다. 이렇게 예상하기 때문에 사실 난 상당히 곤란하다. 이 비트코인을 언제 팔아야 할까? 계속 오른다고 생각하기 때문에 팔 수가 없다. 팔지 않고 죽을 때까지 계속 가지고 있기만 하는 것은 정말 바보 같은 짓이다. 그런데 계속 오를 거라고 예상하는 것을 팔 수는 없다. 계속 가지고 있을 수만은 없고, 그렇다고 팔기는 너무 아깝다. 어떻게 해야 할까.

3장

미국 주식에서 배신은 없다, 배당만 있을 뿐

30년 차 주린이도 주식은 전혀 예측 불가

비트코인으로 10억 원 이상의 이익이 나기는 했지만, 그것만으로 회사를 그만둘 순 없었다. 회사를 그만두는 데 비트코인만큼이나 큰 역할을 했던 건 다름 아닌 주식이었다. 지난 2년간 주식으로 5억 원의 수익이 났다. 특히 2020년 코로나 사태 이후로는 100% 이상의 수익이 났다. 하지만 주식에 대해 잘 안다고 할 순 없다. 비트코인보다 미래 예측이 더 어려운 것이 바로 주식이었기 때문이다.

주식은 가장 대표적인 투자 상품으로 다른 상품에 비해 접근하기 쉽고 잘 알려져 있다. 또 자산과 상관없이 누구나 주식 투자를 할 수 있다. 부동산만 해도 투자를 하기 위해서 몇천만 원은 있어야 한다. 제대로 된 부동산을 구하기 위해서는 더 큰돈이 필요하다. 비교적 주식은 정보를 쉽게 얻을 수 있고, 적은 돈으로도 할 수 있다는 장점이 있다. 하지만 주식시장에서 수익을 내는 방법은 정말로 어렵다. 어떤 주식이 오를지 알 수만 있다면 이 사회에서 돈을 버는 게 간단할 것이다. 하지만 난 어떤 종목이 가능성이 있는지, 어떻게 해야 주식을 올릴 수 있는지 아는 게 없다.

내가 주식시장에 처음 발을 들여놓은 것은 대학원생 때다. 20대 중반에 처음 주식을 샀다. 그 이후 지금까지 주식시장에서 여러 곡절을 겪었다. 처음 한 주식 투자로 천만 원을 벌었을 때는 정말 날아갈 것만 같았다. 하지만 그 이후에 많은 돈을 잃기도 했고, 무엇보다 돈이 묶이는 바람에 오랫동안 주식 투자를 할 수 없었다. 주식을 도중에 그만둔 이유는 큰돈을 잃었기 때문만이 아니었다. 살아가면서 계속 목돈이 필요할 때가 발생했고, 그때마다 주식을 모두 처분해야 했다. 결혼을 하거나, 부동산을 사야 할 때마다 돈이 필요했고, 그럴 때마다 있는 주식을 모두 팔아야 했다.

어느 정도 돈이 모이면 주식시장에 들어갔다가 다시 목돈이 필요하면 주식시장에서 나오는 걸 반복했다. 그렇게 2010년에 투자 종자금으로 1억 원을 만들고 그 이후는 계속해서 주식을 하고 있다. 주식을 제대로 시작한 건 10년이 조금 넘는다. 다른 분야에서는 한 가지 일을 10년 동안 지속하면 전문가라는 말을 듣는다. 사실 10년 동안 한 가지 일을 계속하면 전문성이 두드러진다. 초보자는 앞으로 어떤 일이 벌어질지 예측하지 못한다. 하지만 전문가는 앞으로 발생할 일을 예측하고, 어떻게 하면 그 사건을 무사히 넘길 수 있을지 알아야 한다. 지금까지 내가 10년 이상 지속한 일은 독서, 논문이나 프로젝트 그리고 주식 정도일 것이다. 그런데 주식만은 전혀 예측할 수 없었다. 앞으로 어떤 종목이 오를지 내릴지, 주식시장이 어떻게 될지, 오르면 얼마나 오르고 내리면 얼마나 내려갈지 예측이 불가능했다. 아무리 시장을 분석하고, 여러 사항을 고려해도, 주식 가격의 움직임은 예측대로 들어맞지 않았다.

다행인 점은 주식시장이 주식에 대해 잘 몰라도 이익을 얻을 수 있는 곳이라는 점이다. 산을 잘 몰라도 길을 따라가다 보면 정상에 오를 수 있는 것과 비슷하다. 결국 하다 보면 어떻게든 정상 부근에 오를 수 있는 것이다. 여기에서는 내가 주식시장에 어떤 생각으로 어떻게 투자했는지만 말하고자 한다. 내 경험이 절대 정답은 아니지만 하나의 사례로 소개될 수 있을 것이다. 지금부터 2020년 코로나 사태 이후 필자가 투자한 주식 이야기를 해본다.

비가 오나 눈이 오나 강원랜드는 오른다

2020년 1월, 국내에서 첫 번째 코로나 확진자가 나왔다. 처음에는 이 사태도 메르스처럼 몇 달 지나지 않아 잠잠해질 거로 생각했다. 그런데 코로나로 인한 파장은 예상보다 컸다. 이동이 제한되면서 경제 활동에 큰 타격을 입었다. 이때 금융시장의 반응은 훨씬 더 컸다. 2020년 3월, 주가가 폭락하기 시작했다. 한국만이 아니라 전 세계 주식시장이 폭락했다. 2020년 1월, 한국의 종합주가지수는 2,119였다. 그런데 2020년 2월에는 주가지수가 1,987이 되었고, 3월에는 1,755가 되었다. 이때부터 완전히 패닉이었다.

내가 가진 주식도 모두 폭락했다. 하지만 그렇게 걱정되지는 않았다. 몇 달이 지나면 코로나가 끝날 것이고, 그러면 기업이 제자리로 돌아올 것이다. 단기간으로는 손해일지 몰라도, 중장기적으로 보면 크게 상관이 없다. 그냥 주식이 있으면 별 손실 없이 넘어갈 것이다. 그런데 이렇게 주식이 폭락하는 와중에도 눈길을 끈 주식이 하나 있었다. 바로 강원랜드였다. 사람들은 눈이 오나 비가 오나 카지노에 간다. 경제가 호황이건 불황이건 카지노에는 계속해서 사람들이 몰린다. 카지노는 정부의 매출 규제 때문에 매출이 증가하지는 않지만, 그 대신에 일정 수준 이하로 매출과 이익이 떨어지지 않는다. 그래서인지 강원랜드 주가도 굉장히 안정적이었다. 지난 수년간 3만 원 이하로 내려간 적이 없었다. 그런데 이때 강원랜드 주식이 2만 3천 원 이하로 떨어졌다.

코로나로 강원랜드가 망할까? 절대 그럴 리가 없다. 지금은 코로나 때문에 영업장이 폐쇄되어서 매출이 잡히지 않지만, 코로나가 끝나면 곧바로 예전의 매출과 이익을 되찾을 것이었다. 다른 업종은 코로나로 인해 망할 수 있고, 또 코로나로 휴업했다가 다시 영업을 재개했을 때 손님들이 줄어들 수 있다. 하지만 강원랜드는 국가와 지자체에서 하므로 망하지 않을 것이고, 다시 개장만 하면 바로 매출이 회복될 것이다.

지금 강원랜드 주가가 폭락했다. 이건 사 놓고 기다리면 분명히 오른다. 기존에 있었던 주식을 팔고 강원랜드를 샀다.

기존 주식에서 손해를 보긴 했지만, 그 주식들이 원래 가격으로 돌아갈 것을 기대하기보다 강원랜드가 원래 가격으로 돌아갈 확률이 훨씬 높았다. 강원랜드 주식이 지금 2만 3천 원까지 떨어졌는데, 코로나가 끝나면 아무리 못해도 2만 8천 원은 될 것이다. 그러면 벌써 20% 이상의 수익을 얻는다. 그런데 강원랜드 주식이 2만 원까지 떨어졌다. 정말 말도 안 되는 가격이었다. 주식을 전부 다 처분하고 강원랜드 하나에 올인했다. 나중에 2만 8천 원이 된다고 하면 40% 수익을 올릴 수 있을 것이다.

그런데 강원랜드는 더 떨어져서 1만 8천 원이 되었다. 이때부터는 점점 걱정이 되었다. 하지만 코로나가 끝나면 못해도 2만 8천 원까지 회복한다는 믿음에는 변함이 없었다. 다른 현금까지 끌어다가 주식을 샀다. 투자할 때는 비상금으로 쓸 수 있는 현금이 어느 정도 있어야 한다. 그 비상금까지 긁어서 강원랜드 주식을 샀다. 통장에서 끌어들일 수 있는 돈을 모두 끌어들여서 강원랜드 주식을 샀다. 결국, 강원랜드 주식 1만 5천 주를 보유했다. 평균 단가 2만 원으로 3억 원어치다. 이제는 기다리기만 하면 된다. 2만 8천 원으로 회복하면 1억 원이 넘는 돈을 벌 수 있다. 한 종목에서 1억 원을 벌다니. 여기서 대박이 나는구나 싶었다.

그런데 주식이 더 떨어져서 1만 5천 원이 되었다. 솔직히 이때부터는 완전 패닉이었다. 1만 8천 원까지는 긍정적인 태도를 유지할 수 있었다. 지금은 폭락이지만 앞으로는 회복할 수 있다고 자신했다. 하지만 1만 5천 원까지 떨어지자, 모든 확신이 무너져버렸다. 손실은 강원랜드 한 종목에서만 7천만 원이 넘었다. 강원랜드를 사기 전, 주식시장이 폭락하면서 다른 종목에서 손실 난 것까지 포함하면 1억 원이 넘는 손실이었다. 주식에서 이렇게 큰 손실이 난 것은 투자 인생에서 처음이었다.

이제는 강원랜드가 완전히 망할 수도 있겠다는 생각이 들었다. 정부가 앞으로 카지노 사업을 하지 않겠다고 결정하면 강원랜드는 없어지는 것이다. 코로나 이후에도 강원랜드 주가가 회복되지 못할 수도 있겠다는 생각이 들었다. 설사 코로나가 종식되고 강원랜드가 다시 개장한다고 하더라도, 주가도 같이 회복된다는 보장이 없지 않은가. 주가는 올라봤자 2만 원대에서 멈출 수도 있다. 1만 5천 원에서 2만 원이 되면 30%가 오른 것이다. 그 정도 오르면 적당하다고 생각해서 강원랜드 주가 수준이 2만 원이 될 수도 있다. 그러면 여기저기서 돈을 다 끌어들여 주식을 산 나는 이익을 보지 못한다.

어떻게 해야 할지 몰랐다. 강원랜드를 여기서 팔고 정리해야 하나?, 아니면 계속 버텨야 하나. 그래도 강원랜드인데, 다시 3만 원까지는 몰라도 2만 6천 원, 2만 8천 원까지는 오를 수 있을 거란 희망이 일었고, 한편으로는 오를 수 있다 하더라도 몇 년 후를 기약하면서 계속 들고 있는 건 이익이 될 수 없단 생각이 들었다. 결국 팔았다. 강원랜드보다 더 수익이 날 것은 종목이 생겼기 때문이었다. 강원랜드에서는 6,000만 원 이상의 손실을 보았다.

내가 강원랜드를 산 것은 잘못된 판단이었을까? 그렇진 않았다. 강원랜드 주가는 4월부터 폭등하기 시작했다. 그리고 2021년 5월, 강원랜드 주식은 2만 6천 원이 되었다. 계속 갖고 있었으면 9,000만 원의 수익이 났을 것이다. 나는 강원랜드를 팔고 다른 종목으로 갈아타서 8,000만 원의 수익을 내기는 했는데, 다른 종목으로 갈아타지 않고 그냥 강원랜드 주식을 가지고 있었으면 그보다 더 큰 수익이 나는 거였다. 괜히 다른 종목으로 갈아타는 바람에 수익도 줄어들고 마음고생도 많이 했다. 이렇게 한 종목에 큰돈을 올인한 것은 이때가 처음이었다. 그만큼 강원랜드 주가가 회복될 거라 확신했다. 그러나 아무리 되돌아봐도, 이때 강원랜드 주식을 판 것은 성급한 것이었다.

원유 가격이 미친 듯이 널뛰기 시작했을 때

석유 가격이 20불까지 내려가자 언론은 앞다투어 이 상황을 보도했다. 2020년 1월까지만 해도 60불 수준이었던 유가가 코로나로 인해 폭락하기 시작하더니 40불로 떨어졌다. 60불에서 40불까지 떨어졌다는 것도 놀라운데, 거기서 석유 가격이 더 폭락해서 20불이 되었다.

　보통 원유의 생산가는 40불이 좀 넘는다. 원유 같은 천연자원은 생산비보다 낮은 가격에 팔 수 없다. 지금은 코로나로 인해 예외적으로 생산비보다 낮은 가격이 형성된 것이다. 다른 제품이라면 생산비보다 시장 가격이 중요하다. 생산비보다 낮은 가격이 형성되더라도 고객은 상품을 안 살 수 있다. 시장 가격이 생산비보다 낮기 때문에 시장 가격이 오를 것으로 기대할 수는 없다. 하지만 석유는 아니다. 석유는 자본주의 사회에서 반드시 사용해야 한다. 코로나라고 해서 석유를 사용하지 않을 수는 없다. 이때 시장 가격이 생산비보다 낮으면 석유 생산은 감소하고 결국 시장 가격은 생산비 이상의 수준이 되어야 한다. 그래야 석유 공급이 계속 이루어질 수 있다.

지금 원유는 20불이다. 하지만 최소한 생산비 수준인 40불까지는 회복할 것이다. 수익의 두 배를 바라볼 수 있다. 그런데 석유 상품에는 레버리지 ETN(상장지수펀드)이 있다. 이는 석유 가격의 두 배로 움직이는 상품이다. 석유 가격이 10% 오를 때, 레버리지 ETN은 20% 오른다. 원유가 20불에서 40불로 두 배가 오르면, 원유 레버리지 ETN은 4배가 오른다. 400%의 수익을 기대할 수 있다. 강원랜드는 40%의 수익을 기대할 수 있는데, 원유 ETN은 400%의 수익을 기대할 수 있다. 원유 ETN을 사야 한다.

강원랜드를 그대로 두고 원유 ETN을 살 수 있으면 좋았을 텐데 그럴 돈이 없었다. 결국 강원랜드 주식을 모두 팔고, 원유 ETN으로 갈아탔다. 레버리지 상품은 수익이 두 배인 만큼 손실도 두 배이다. 아무리 원유 가격이 오른다 해도 불안하기만 했다. 그래서 일반 원유 상품과 레버리지 상품을 섞어서 샀다.

처음에는 원유 가격이 1년 이내에 40불이 될 거라 기대했다. 1년간 묻어두면 큰 이익을 올릴 수 있을 것이었다. 그런데 원유 가격과 원유 ETN 가격이 널뛰기 시작했다. 처음 원유가 20불 수준일 때 ETN을 샀는데, 불과 일주일 만에 20불에서 25불로 오른 것이다. 원유가 25% 상승했다면 레버리지 ETN은 50%가 상승했어야 했다. 그런데 나와 같은 생각을 하는 사람이 너무 많았다. 투자자들이 엄청나게 몰려들어 레버리지 ETN을 샀다. 원유가 20불일 때 삼성 레버리지 원유 선물 ETN 가격은 2,000원 수준이었다. 그런데 원유가 25불이 되었을 때 삼성 레버리지 원유 선물 ETN 가격은 3,500원이 넘어갔다. 70% 이상 상승했다. 원유 투자시장은 엄청나게 과열되었다.

원유가 40불이 될 때까지 기다리려 했는데 사정이 달라졌다. 한국 원유 레버리지 ETN 가격이 정상 가격을 넘어서서 폭등했다. 일반적으로 주식에 정상 가격의 기준이 없지만 ETN은 원유 가격에 따라 정해지기 때문에 분명한 기준이 있었다. 이 기준 값보다 거의 두 배나 높은 가격으로 거래가 되었다. 일주일 사이에 50% 이상의 수익을 올렸으니 일단 충분하다는 생각이 들었다. 레버리지 ETN을 팔았다. 팬데믹 이후 주식시장이 폭락하면서 엄청난 손실을 입었다. 주식을 다 처분해서 강원랜드 주식을 샀는데 몇천만 원의 손실을 보았다.

그런데 원유 ETN에서 그 모든 손실을 다 메우고 8,000만 원 정도의 수익을 냈다.

　큰 수익이 나서 좋았지만 원유 ETN 종목은 그 이후 완전히 박살났다. 원유 가격이 정상 가격보다 지나치게 높게 거래되자, 정부가 거래 정지를 해버린 것이다. 이제는 4일에 한 번만 거래할 수 있었다. 그런데 거래가 정지된 동안 원유는 더 폭락했다. 20불이었던 원유가 25불 넘게 회복했는데, 다시 20불 이하로 떨어졌다. 10불대로 떨어지고, 심지어 마이너스까지 치달았다. 레버리지 ETN은 상품 가격이 떨어지면 두 배로 떨어진다. 삼성 ETN의 경우 3,000원이 넘었던 것이 불과 한 달 사이에 700원대로 떨어졌다. 거래 정지가 되었었기 때문에 팔려고 해도 팔 수 없었던 시기이다. 이 경우 이틀만 더 원유 ETN을 가지고 있었으면 거래 정지를 당했을 것이다. 거래가 정지되기 전에 빠져나온 것은 정말 운이 좋았다고 말할 수밖에 없다. 이때 나오지 않았다면 엄청난 손실을 보았다.

　이후 안정기에 접어들었을 때, 다시 원유 시장에 들어갔다. 레버리지 ETN은 정부 규제로 완전히 얼어붙었기 때문에 레버리지가 아닌 일반 상품을 구입했다. 원유 가격이 30불이 넘었을 때였다. 원유 가격은 분명히 코로나가 끝나면 원래 가격인 60불 수준이 될 것이다. 계속 갖고 있으면 두 배가 된다.

　원유 가격은 곧 40불이 되었다. 그런데 그때부터 몇 달 동안 계속 그 수준에서 왔다 갔다 했다. 계속 같은 상태가 반복되자 원유 가격이 60불로 회복될 것이라는 자신감마저 사라졌다. 원유가 생산비를 넘어서 60불까지 된다는 것은 근거가 없지 않을까. 단지 코로나 이전에 60불이었다고 해서 앞으로도 같을 거로 확신해도 될 것인가. 앞으로 몇 년 후에 60불이 된다면, 차라리 그사이에 다른 곳에 투자하는 게 낫지 않을까.

7월, 원유 상품을 팔았다. 원유가 40불 언저리에 있을 때였다. 이때 매도는 엄청난 실수였다. 2021년 2월에 원유 가격이 60불을 넘어 섰기 때문이다. 코로나로 원유 가격이 폭락하기 전 가격을 1년 만에 회복했다. 지난 7월에 원유 상품을 팔지 않고 계속 갖고 있었다면 50%의 수익을 올렸을 것이다.

2020년 원유 상품 투자는 성공이었을까? 겉으로 보면 엄청난 성공이긴 하다. 코로나로 인한 주식 폭락의 손해를 여기서 모두 메우고 8,000만 원의 수익을 냈으니 말이다. 그런데 이를 실력이라고 보기는 어렵다. 이 상품을 며칠만 더 갖고 있었으면 정부의 거래 정지와 함께 엄청난 손실을 보았을 것이다. 앞으로 60불까지 오를 것이라고 생각했으면서도 40불일 때 판 것 역시 제대로 된 판단으로 볼 수 없다. 그런데 이렇게 강원랜드, 원유 ETN 등에 투자를 하는 중에 정말 큰 수익이 나는 움직임은 따로 있었다. 미국 주식이 본격적으로 오르고 있었다.

미국 주식은 무조건 장기전이다

코로나로 미국 주식 역시 폭락했다. 2020년 1월, 28,256 수준이었던 미국의 다우지수가 3월이 되자마자 21,917까지 떨어졌다. 22%가 넘는 폭락이었다. 한국의 주가 폭락도, 유가 폭락도 미국 다우지수의 영향을 받았다. 우리나라뿐만 아니라 미국 주식시장의 여파로 세계의 주가, 원유 가격이 박살났다. 미국 주식을 투자할 때는 사고팔지 않고 그냥 내버려 뒀다. 추가로 매입할 때는 기존의 것을 파는 게 아닌, 새로 투자금을 넣는 방식이었다. 즉 미국 주식은 한번 사면 계속 보유하는 장기 투자였다. 그렇다고 절대 팔지 않는 것은 아니다. 3년에 한 번씩 지금 보유한 종목을 전부 재검토해서 포트폴리오를 바꾸는 방식이다.

　코로나로 전 세계 주식시장이 폭락했고, 이때 한국 주식을 사고팔았다. 하지만 미국 주식은 그대로 두었다. 다우지수가 22% 폭락하면서 지난 1년여 동안 얻었던 수익이 다 없어졌지만 건드리지 않고 그대로 두었었다. 그런데 폭락 이후 미국 주식이 오르기 시작했다. 폭등한 것은 아니지만, 계속해서 꾸준히 올랐다. 3월에 21,917이었던 다우지수가 2020년 12월에는 30,607가 되었다. 2021년 8월에는 35,359까지 올랐다. 다우지수만이 아니라 나스닥지수도 폭등했다. 나스닥지수는 2020년 1월에 9,151 수준이었다. 코로나 폭락으로 3월에는 7,700까지 떨어졌다. 그러다 오르기 시작해서 2020년 12월에는 12,888, 2021년 8월에는 15,259가 되었다.

　내가 가진 미국 주식도 2020년에만 두 배 이상 올랐다. 3억 원 이상의 수익이 났고, 코로나 이전의 수익과 합해서 지난 3년간 해외 주식에서 총 5억 원 가량의 수익을 얻었다. 지금이야 해외 주식 투자 열풍이 불고 있지만, 일반인들이 해외 주식을 직접 투자한 지는 그렇게 오래되지 않았다. 한국 주식처럼 미국 주식이나 중국 주식을 거래할 수 있게 된 것은 불과 2010년대 중반 부터였다.

　미국 주식과 중국 주식을 살 수 있게 되면서, 해외 주식 투자에 대한 책도 많이 출간되었다. 그리고 이 주식들을 사 놓고 묻어 두면 앞으로 큰돈을 벌 수 있을 것이라고 말했다. 보통 증권사 직원들이 책의 저자였고, 증권회사 관련 연구소에서 출판되었다. 신규 고객을 유치하려는 증권회사의 마케팅이었을 확률이 높다.

이때 출간된 제목으로는 『지금 중국 주식 천만 원이면 10년 후 강남 아파트를 산다』와 『5년 후 포르쉐를 타고 싶다면 미국 주식 지금 당장 올라타라』 등이 있었다. 이때 주식 책들은 해외 유망 주식에 대한 장기 투자를 권유했다. 하지만 한국 주식과 달리 해외 주식은 제대로 된 정보를 빨리 얻기가 힘들었다. 한국 주식이라면 시장 상황에 따라, 기업 상황에 따라 바로 사고팔 수 있다. 하지만 해외 주식은 새로운 정보에 따라 사고팔기가 어렵다. 그래서 해외 주식 투자 안내서들은 모두 장기 투자를 권했다. 한국에서 장기적으로 오른 품목에 대한 경험으로, 중국에서 그런 품목을 찾는 방안을 이야기했다. 또 미국에서 세계를 선도하는 기업들, 앞으로도 계속해서 주가가 오를 것으로 기대되는 기업을 소개했다.

해외 주식을 사면 천만 원이 몇억 원이 될 수 있다고 주장했고, 나는 관련 도서를 탐독한 끝에 미국과 중국의 주식을 사기로 했다. 하지만 다른 나라 기업에 대해 알 리가 없었다. 구글, 애플, 아마존 같은 세계적인 기업이야 알고 있었지만, 여타 미국 기업에 대해서는 잘 몰랐다. 그래서 미국 주식을 추천하는 책에서 공통적으로 추천한 종목들, 중국 주식 중에서 공통적으로 추천하는 주식을 골랐다. 여러 책에서 추천한 종목이라면 큰 손해를 보진 않을 거라 생각했다. 한 종목당 몇 백만 원씩 미국 주식과 중국 주식을 샀다.

　2018년, 해외 주식을 구입한 지 3년이 넘었다. 이 정도면 충분히 지켜보았다고 판단했고 그동안 산 종목들을 파악해 보았다. 몇천만 원 사두었던 것이 1억 원이 넘었다. 3년 사이에 두 배가 넘게 올랐으니 이 투자는 성공이었다. 그런데 내가 산 종목이 모두 다 오른 것은 아니었다. 3년 동안 제자리걸음을 하는 주식도 많았다. 미국과 중국에서 최고의 주식이라고 해서 산건데, 그에 비해서는 마냥 실적이 좋다고 볼 수 없었다. 그런데 소위 대박이 난 주식이 있다. 미국의 넷플릭스와 중국의 마오타이였다. 두 종목은 다섯 배 이상 올랐다. 두 종목이 크게 상승해서 전체적으로 두 배 이상의 수익이 난 거였다.

　다른 주식과 두 종목의 차이는 무엇이었을까. 각종 지표와 그래프를 살펴보았다. 분명 차이가 존재했다. 확실한 이익을 본 종목은 장기적으로 우상향의 곡선을 그리고 있었다. 해마다 계속해서 10%, 20% 이상 상승했다, 오히려 3년 전에는 책과 매체에서 최고의 기업이라 선전한 주가가 내려갔다. 이미 해외 주식을 추천하는 책에서도 이들 종목은 사라진지 오래였다. 이때부터 주식을 선정하는 나만의 기준이 생겼다. 매출,

이익이 꾸준히 성장하는 기업, 그리고 주가 그래프가 장기적으로 우상향하는 기업을 눈여겨보게 된 것이다.

2019년, 해외 주식 포트폴리오를 완전히 바꾸었다. 해마다 이익이 20% 정도 오르는 기업을 골랐다. 주가 그래프가 왔다 갔다 하지 않고 꾸준히 우상향인 기업을 골랐다. 구글, 아마존, 어도비의 주식이었다. 이 주식들은 코로나 이전에도 어느 정도 올랐다. 그런데 코로나 이후 급상승을 하더니 팬데믹 속에서도 상승 곡선을 그렸다. 그 과정을 보면서 이제서야 어떤 주식을 사야 하는지에 대한 원칙이 생겼다. 주식시장에 처음 들어온 지 30년, 주식을 본격적으로 한 지 10년 정도 되었는데, 이제야 어떤 주식을 사야 하는지에 대한 원칙이 자리 잡기 시작한 것이다.

막상 애플도 매출이 늘지는 않았다

2019년, 주식을 사는데 있어 나름대로 원칙을 정했다. 첫 번째는 매출이 최근 5년간 계속해서 연 20% 정도 상승하는 기업이다. 두 번째는 그중에서도 이익이 지속적으로 연 20% 정도 상승하는 기업, 세 번째는 장기적인 주가 그래프가 계속 상승하는 기업이다. 이 세 가지 기준을 모두 충족시키는 기업의 주식을 샀다. 이 원칙에 영향을 준 것은 두 가지였다. 첫째는 앞에서 말한 것과 같이 2014년에 구입한 해외 주식의 실적이다. 이때 산 주식 중에서 몇 년 후 크게 상승한 주식은 매출, 이익, 그래프가 모두 좋았다. 그리고 두 번째는 일본 여행 갔을 때 서점에서 구한 『미국주 4분기 속보』라는 책이었다.

미국의 주요 기업 250곳 중에서 최근 몇 년간 매출, 이익, 그래프 추세, 그리고 주요 사업 내용 등을 정리한 책이다. 한국에서 매년 발간되는 『상장 기업 분석』과 유사하다. 상장 기업 분석이 한국의 모든 상장 기업을 대상으로 했다면 이 책은 미국 상장 기업 중 250개 정도만 추려서 정리했다는 점에서 차이가 있다. 이때 좋은 주식을 판가름 하는 기준은 유망한 산업, 유명한 기업이었다. 전기자동차가 발전하는 분야니까 전기자동차 기업을 유망하다 보고, 전기 배터리를 만드는 기업 등을 좋은 기업으로 보는 식이다.

또, 재생에너지가 유망하니 재생에너지 관련 기업이 유망하다고 본다. 라면의 수요가 증가하고 있으니 지금 유명한 라면 회사의 주식이 오를 거로 판단한다. 즉 '앞으로 좋아질 것'이라는 예상이 판단 기준이다. 이외에 중요한 지표는 PER, PBR, ROE, 배당금 등 각종 투자 지표들이었다. 이때까지 나는 그런 걸 기준으로 주식 투자를 해왔다. 성장 기대주, 저 PER 주, 저 PBR 주, 고 ROE주, 고 배당주 등을 찾았다. 그런 투자 방법으로 손해를 본 것은 아니다. 어쨌든 난 계속 주식에서 수익을 내왔다. 만족할 만큼의 수익이 나오지는 않았다. 그래서 한번 해보고 다음에 다른 방법을 찾고 하는 식이었다.

그런데 이 책에서 지난 몇 년간 미국 기업의 매출 실적을 보면서 왜 내가 가진 주식이 오르지 않았는지를 알게 됐다. 매출도, 이익도 늘어나지 않았다. 누구나 애플이 좋다고 말하는데, 막상 애플도 지난 수년간 매출이 늘지 않았다. 그동안 왜 애플 주식이 안 오르는 건지 의아했는데, 이 표를 보면서 알게 됐다. 애플은 유망하고 유명한 기업이지만 전년 대비 매출이 증가하지는 않았다.

일단 가장 중요한 것은 매출이 증가하는 것이었다. 그런데 난 그동안 '매출이 증가하는 기업'의 주식을 산 것이 아니라, '매출이 증가할 것으로 예상되는 기업 주식'을 산 것이었다. 앞으로 매출이 오를 것으로 예상되는 기업이 아닌, 지금 매출이 오르는 기업이 더 확실한 투자 대상이었던 것이다.

그런데 매출이 증가한다 해도 이익이 감소하고 적자면 안정적이지 않다. 이익도 같이 올라야 한다. 그리고 아무리 매출, 이익이 증가하는 기업이라 하더라도 시장에서 관심을 받지 못하면 주식은 오르지 않는다. 분명 좋은 주식이지만 몇 년 동안 오르지 않고 제자리인 기업이 수도 없이 많다. 다른 투자자들에게 관심을 받고 사들이냐, 즉 주식에 대한 지속적인 수요가 있느냐가 중요했다. 이것을 보여주는 것이 지난 수년 동안의 그래프 추세였다. 매출, 이익이 계속 증가하면서 그래프도 계속해서 우상향해 온 기업은 시장에서 관심을 받고 투자자들이 사들이는 주식이라는 것을 의미한다. 그 회사의 매출, 이익, 그리고 추세 그래프, 이 세 가지를 한 페이지에서 같이 보니, 매출, 이익이 장기적 주가 상승과 아주 밀접한 관계가 있다는 것을 바로 알게 됐다.

무엇보다 2014년에 구입해서 이때까지 4년 동안 들고 있는 해외 주식 십여 개 중에서, 세 가지 조건을 만족하는 주식은 단 두 개 넷플릭스와 마오타이였다. 이건 제대로 검증해 볼 필요가 있다. 2019년, 미국 주식시장을 뒤져서 이 세 가지 조건에 맞는 기업들로 포트폴리오를 구성했다. 아마존, 구글, 어도비, 넷플릭스, 페이스북 등이 이 기준을 충족했다.

이 작업을 하면서 미국이 엄청난 나라구나,라는 것을 실감했다. 수년간 연 20% 수준으로 매출과 이익이 증가하는 기업이 굉장히 많았다. 크게 성장하고 있다는 중국은 막상 기업 실적을 살펴보니 미국과 비교할 수준이 못됐다. 일본 기업은 많긴 했지만 대부분 신규 상장 기업이었다. 오래된 기업 중에서 고성장, 고이익 기업은 거의 없었다. 한국은 이 기준에 걸맞은 기업이 채 5개도 안 됐다. 모두가 좋다고 하는 삼성전자도 막상 매출은 거의 늘지 않고 있었다.

처음부터 미국 주식을 사려던 것은 아니었다. 내가 설정한 세 가지 기준에 맞는 대부분의 기업이 미국 기업이었을 뿐이다. 아무래도 중국은 불안했다. 국가가 언제 어떻게 기업을 규제할지 모를 리스크가 있기에 투자 환경으로는 좋지 않았다. 내가 가진 중국 주식 중에서도 중간에 거래 정지 된 종목이 두 개 정도 있었다. 문제는 왜 거래 정지 되었는지, 정지가 언제 풀릴지 아무것도 알 수 없었다. 하지만 계속해서 고성장을 하는 중국 주식시장에서 완전히 손을 뗄 수도 없었다. 그래서 중국 주식은 그동안 큰 수익을 주었고, 지금도 계속해서 매출, 이익이 증가하고 있는 마오타이 하나만 두기로 했다.

이때 사둔 미국 주식은 지금까지 그대로 있다. 이 주식이 지난 2년 사이에 평균 100% 이상 올랐다. 제자리걸음인 주식, 떨어진 주식은 하나도 없다. 지금까지 해온 어떤 주식 투자 방식보다 높은 성공률이고 또 수익률이라 볼 수 있다.

나는 미국 주식에 미래를 걸었다

2014년에 사고 몇 년간 방치했던 주식에서 2019년까지 두 배 이상의 수익이 났다. 그렇지만 사실상 성공한 종목은 많지 않았다. 마오타이, 넷플릭스 두 종목에서 대박이 나서 전체적인 수익률이 좋은 것이었다. 2019년에 미국 주식을 중심으로 포트폴리오를 만들었는데, 이게 지금 2021년까지 두 배 이상의 수익을 남겼다. 2014년 포트폴리오도 두 배 이상이었지만, 향후 5년의 시간이 필요했다. 미국 주식은 최근 3년 사이에 5억 원 이상의 수익이 났고, 결과적으로 회사를 그만두는 데 많은 기여를 했다.

　미국 주식에서 수익이 나는 것을 확인하고 전면적으로 포트폴리오를 수정했다. 한국 주식을 대거 미국 주식으로 옮겼다. 나는 주식을 한번 사면 몇 주에서 몇 달은 묵혀두는 편이다. 매일같이 주식 그래프를 보고, 개장 시간에 맞춰 차트를 띄워 놓거나 하지 않는다. 매일같이 해야 할 일이 있는 상태에서 주식시장을 계속 볼 시간도 없고, 무엇보다 단타에서는 수익을 얻은 적이 거의 없기 때문이다.

강원랜드, 원유 ETN 매수, 매도처럼 가끔 주식을 사고팔곤 하지만 성적이 그리 좋지 않았다. 무엇보다 나 스스로 이게 수익을 얻을 수 있는지 아닌지 확신하기가 힘들었다. 이런 상황에서 해외 주식시장은 계속해서 큰 수익이 냈다. 1~2년 기간 동안 이룬 단기 수익이 아니라, 지난 6년 이상 몇 배가 올랐다. 이러면 내가 어느 쪽으로 가야 할지 정해진 게 아닐까. 한국 주식에서 손을 떼고 미국 주식을 더 사들이기 시작했다. 그동안 미국 주식을 보면서 '이것도 있었으면 좋겠는데'라고 생각했던 주식들을 더 담았다. 원래 한국 주식과 해외 주식이 50:50 정도의 비율이었다. 그런데 지금은 10:90으로 만들었다. 중국 주식은 마오타이 하나뿐이니 결국 거의 대부분의 주식 투자 자금을 미국 주식에 집어넣은 셈이었다.

한국 주식시장을 떠나 미국 주식시장으로 옮긴 이유에는 몇 가지가 있다. 우선 매출, 이익이 장기간 20% 이상 성장하는 한국 주식이 거의 없었다. 그 이유는 한국의 시장 규모 때문이다. 한국에서 새로운 사업 모델로 히트를 쳤다고 하자. 새로운 사업 모델, 새로운 상품으로 매출, 이익이 몇 년간 급성장하면 곧 얼마 지나지 않아 포화 상태가 된다. 살 사람은 이미 거의 다 산 것이다. 그러니 더는 고성장이 어렵다. 또 다시성장하려면 뭔가 새로운 히트 상품을 만들어 내야 한다. 그런데 이런 상품을 계속해서 만들어 내는 것은 거의 불가능하다.

반면에 미국은 시장 규모가 크다. 캘리포니아에서 히트 사업 모델을 만들면, 캘리포니아에서 급성장을 한다. 그다음에는 미국 전역으로 사업이 확장된다. 한국의 대형 쇼핑몰은 전국 몇십 개 주요 도시에 들어서면 더는 들어설 곳이 없다. 하지만 미국은 전역에 몇백 개가 들어설 수 있다. 한국보다 성장하는 기간이 훨씬 길다고 볼 수 있다. 또 미국은 자국에서 히트한 상품이 해외로 나간다. 스타벅스, 코스트코 같은 기업이 해외에 계속 만들어지면서 끊임없이 고성장할 수 있다. 한국은 이런 고성장을 하더라도 조금만 지나면 성장률이 떨어진다. 하지만 미국 기업은 장기간 계속해서 연 20% 이상 성장이 가능하다. 또 실제론 그런 기업이 상당히 많다. 이런 기업은 성장률이 떨어지면 주가가 폭락한다. 하지만 성장률이 떨어지기 전, 10년 이상, 몇십 년 동안 고성장이 가능하고, 그러면 그동안 주식은 계속 오를 수 있다. 연 20% 이상 매출, 이익이 증가하는 기업에 투자를 하려면 오랫동안 연 20%로 매출, 이익이 상승할 가능성이 높은 미국 주식시장으로 가야 하는 것이었다.

다른 이유로는 정부 규제로 인한 리스크에 있었다. 내가 중국 주식을 처분하고 미국 주식으로 옮긴 이유도 정부 규제 때문이었다. 최소한 기업 활동, 주식시장과 관련해서 중국 정부를 믿긴 어려웠다. 그런데 한국 주식시장도 정부로 인한 규제가 점점 더 많아졌다. 한국전력 주식을 몇천만 원어치 가지고 있었다. 그런데 계속 오르던 한국전력이 어느 순간부터 계속 떨어지기 시작했다. 정부가 탈원자력을 추진하면서 한국전력은 거대한 적자를 보고 주가는 폭락했다. 그런데도 한국전력은 대학을 설립하려 했다. 정부 공약을 내세우면서 전국의 대학이 학생 부족으로 몸살을 앓는 와중에 새로 대학을 만들었다. 적자면서 요금을 올리지도 못한다. 결국 한국전력 주식은 손해를 보고 팔수밖에 없었다.

강원랜드는 정부의 매출 총량 규제를 받아 매출 증가가 불가능하다. 강원랜드 실적은 매출 총량이 어떻게 정해지느냐에 따라 결정되지 기업의 능력과는 무관하다. 한번은 내가 보유한 메디톡스가 하한가를 맞았다. 무슨 일인가 싶어 알아보니 식약처가 메디톡스 제품 허가를 취소한 것이었다.

더는 한국 주식을 못하겠다고 생각하게 된 결정적 계기는 2020년 정부가 원유 ETN을 거래 정지시킨 일이다. 원유

ETN 가격이 폭등한다는 이유로 거래 정지를 했다. 그런데 원유 ETN이 폭등한 것은 전 세계적인 현상이었다. 코로나 사태로 인해 원유 가격이 폭등·폭락하면서 이에 기반한 원유 ETN도 폭등·폭락을 했다. 무엇보다 원유 ETN은 한국만이 아니라 미국, 일본, 중국 등 주요 국가는 다 있는 상품이다. 폭등·폭락도 모든 나라에서 동일하게 발생했다. 그런데 한국에서만 거래를 정지시킨 것이었다.

좋은 기업의 주식을 오래 들고 있으면 수익이 난다. 그런데 한국에서는 좋은 기업이라는 이유로 주식을 사면 안 된다. 정부 규제에 따라 왔다 갔다 하기 때문이다. 한국에서 주식 투자는 기업만 보면 안 된다. 정부도 같이 봐야 한다. 기업의 실적만 파악하는 것도 어려운데, 거기에 정부라는 요소까지 고려해서 같이 봐야 하나? 미국 주식은 기업의 활동만 살피면 되는데 한국은 기업 활동만 봐서는 안 된다. 무엇보다 장기적으로 고수익이 나면, 정부가 나서서 그 수익을 감소시키려 한다. 장기적으로 주식이 계속 오르기 힘들다고 본다.

지난 10년의 주식 투자를 돌아보면 큰 수익은 모두 미국 주식에서 났다. 특히 몇 년간 들고 있는 장기 투자에서 미국 주식의 성과는 월등했다. 한국 주식은 장기적으로 들고 있다고 해도 수익이 그리 크지 않았다. 주식 투자 자금 10%만 한국 주식에 배당하고, 90%는 미국 주식에 넣었다. 한국 주식에 10%를 둔 것은 그래도 평소에 사고팔 대상이 필요했기 때문이다. 미국 주식은 한번 사면 몇 년 동안 그대로 둔다. 사고파는 재미가 하나도 없다. 수익은 크게 기대하지 않더라도 주식시장을 계속 바라보고 관찰하고 때때로 사고팔 필요는 있었다. 나의 주된 주식 투자는 미국 시장이었고 여기에 미래를 걸었다.

주식의 대가들은 비트코인을 쳐다보지 않는다

비트코인에 투자하라는 책을 보면 결코 비트코인에 올인하라고 하지 않는다. 전체 투자 자산 중에서 일정 부분을 비트코인에 투자하면 좋다는 의견을 제시할 뿐이다. 비트코인은 유망자산이지만 변동 위험성도 크다. 그러니 자산 중에서 10% 이하로 비트코인에 투자하라는 의견이 대부분이다. 그런데 이런 투자 조언에는 문제가 있다. 총 투자금이 1억 원일 때 비트코인에 10%를 배당하여 1,000만 원어치 비트코인을 샀다고 하자. 그런데 다른 것은 그대로인데 비트코인이 두 배가 되어 2,000만 원이 되었다. 총 투자 자금은 1억 천만 원이 되었고, 이때 비트코인 2,000만 원은 전체 투자 자금의 18%가 된다.

처음 10% 포트폴리오 비중이 변경된다.

이때 비트코인 비율 18% 그대로 가지고 갈 것인가, 아니면 원래 포트폴리오에서 비트코인이 차지한 10% 비율을 맞추기 위해서 900만 원어치 비트코인을 팔고 1,100만 원어치만 가지고 있어야 할까? 비트코인이 전체 자산의 50% 비중이 되었는데 그대로 갖고 있으면 비트코인 가격이 떨어질 때 타격이 너무 크다. 포트폴리오 비중을 중시하는 경우라면 이때 비트코인을 일정 비율 처분해야 한다. 하지만 비트코인 10% 비율이 넘은 부분을 계속 파는 식으로 투자를 한다면 비트코인에서 큰 수익을 얻기 힘들다.

처음에 나는 비트코인을 1,000만 원어치 샀다. 당시 전체 투자 자금 7,000만 원 정도 중에서 14% 정도였다. 이정도 비율이면 적정한 포트폴리오, 분산 투자로 볼 수 있다. 그런데 그 후 비트코인은 폭등했고, 2021년에 비트코인이 8,000만 원까지 갔을 때, 내 전체 금융 투자 자산의 70% 이상이 비트코인이었다. 단 한 종목이 70% 이상 차지하는 것은 제대로 된 포트폴리오가 아니다. 비트코인 하나에 전체 자산 규모가 폭등하고 폭락한다. 사실 내가 비트코인 폭등과 폭락에 감정적으로 휩쓸릴 수밖에 없었던 것도 비트코인의 비중이 지나치게 높아서였다. 전체 자산의 10~20% 정도만 차지했다면 폭락하든 폭등하든 별 신경 안 쓰고 지나갈 수 있다. 전체 자산의

70% 이상을 차지한다면 이 자산의 움직임에 무관심할 수 없다. 비트코인이 장기적으로 계속 오를 것이라고 생각하고 있었으면서도 매각 여부를 계속 고민한 주된 이유 중 하나는 비트코인의 비중이 너무 높았기 때문이다.

그렇다고 앞으로 계속 오를 비트코인을 팔기란 어려웠다. 그만큼 확신을 주는 상품이 나타난다면 비트코인을 팔고 그 상품을 살 수 있을 것이다. 하지만 비트코인만큼 오를 것으로 여겨지는 상품이 없는데 비트코인을 팔고 다른 상품으로 갈아타는 것은 바보 같은 짓이다. 내 포트폴리오에서 비트코인이 차지하는 비중이 너무 높다. 비트코인 비중을 낮춰야 한다. 하지만 비트코인을 팔고 대체할 수 있는 상품은 없다. 어떻게 해야 하나. 비트코인 비중이 지나치게 높아진 이후로 계속된 갈등이었다.

2014년부터 2019년까지의 해외 주식 투자 결과를 바탕으로 미국 주식 포트폴리오를 다시 짰다. 그리고 2021년도 결과가 좋았다. 한국 주식시장에서 점차 손을 떼고 미국 주식에 중점을 두기로 했다. 한국 주식을 팔고 미국 주식을 더 사야 하니, 더 살 수 있는 새로운 미국 주식들을 알아보기 시작했다.

2019년 포트폴리오를 만들 때는 연 20% 매출 증가, 연 20% 이익 증가, 그리고 지난 몇 년간 계속 우상향한 그래프에 초점을 맞추었다. 그런데 2021년에는 한 가지를 더 보기 시작했다. 지난 5년간 주가 그래프가 우상향하기는 했는데, 그 상승 비율이 어느 정도인지 보다 구체적으로 알 필요가 있었다. 지난 5년 동안 50%가 올랐는가, 100%가 올랐는가, 아니면 그 이상 올랐는가를 확인해 나갔다.

그러다가 굉장히 놀라게 된다. 연 20% 매출, 이익 증가면 주가도 연 20% 정도 오를 것으로 기대했다. 5년이면 두 배가 조금 넘게 오르는 것이고, 그 정도만 되면 정말 충분한 상승이다. 그런데 이런 주식 중에서 상승률이 굉장히 높은 것이 많았다. 두 배 오른 것은 오히려 적게 오른 것이었다. 다섯 배 이상 오른 주식이 수두룩했고, 10배 이상 오른 것도 많다. 전체 주식 중에서 4년 사이에 다섯 배, 10배 오른 주식은 찾기 어려울 것이다. 그런데 연 20% 이상 매출, 이익이 상승하는 주식 중에서 5년간 다섯 배, 10배 오른 주식은 깔려있다.

비트코인의 기대 수익은 얼마일까? 난 비트코인은 4년에 두 배 정도 오를 수 있다고 생각한다. 4년에 한 번 반감기가 일어나고, 공급이 반으로 줄어든다. 그러면 가격도 두 배가 되지 않을까 생각한다. 4년에 두 배, 연 20%의 수익률은 압도적이다. 이런 기대를 할 수 있는 투자 상품은 비트코인밖에 없었다. 실제 비트코인은 이것보다 훨씬 더 많이 올랐다. 2017년 반감기 때는 100만 원이 1,000만 원으로 10배가 올랐고, 2020년 반감기 때는 1,000만 원이 5,000만 원으로 다섯 배가 올랐다. 반감기 때마다 오르긴 하지만 그 비율은 감소하고 있다. 2024년에도 오를 것으로 기대하는데 그때 상승폭은 지금보다 작을 것이다.

그런데 미국 주식은 5년에 다섯 배, 10배 오르는 주식이 많다. 오히려 비트코인보다 더 높은 상승률이다. 그리고 변동성이 큰 비트코인과 달리 계속해서 우상향하는 미국 주식은 변동성도 적다. 10~20% 정도 떨어지는 경우는 있지만, 그 정도는 비트코인 폭락에 비하면 아무것도 아니다. 무엇보다 미국 주식 가격은 고평가인지 저평가인지 어느 정도 판단이 가능하다. 매출, 이익이 어떻게 되느냐에 따라 상승세가 꺾일지, 계속될지 나름대로 판단할 수 있다.

미국 주식의 대가들이 비트코인을 쳐다보지 않는 이유를 알 수 있었다. 비트코인이 투자 자산으로서의 가치가 없기 때문이 아니었다. 이들의 입장에서 볼 때, 비트코인보다 더 좋은 투자 종목이 많기 때문이었다. 비트코인이 아무리 그동안 폭등했다 어쨌다 하지만, 지난 몇 년간 미국 주식 중에서 비트코인보다 더 높은 상승률을 보인 것들이 수두룩했다.

그동안 비트코인만큼 확신을 주는 투자 상품은 없었다. 그런데 이제 최소한 비트코인만큼, 오히려 비트코인보다 더 오를 수 있는 가능성이 있는 상품을 발견했다. 바로 미국 주식이다. 물론 미국 주식 전체는 아니고 그중에서 크게 성장할 기업의 주식이다. 이 중에서 분명히 다섯 배에서 10배 이상 오를 주식이 나올 것이다. 전체적으로 비트코인보다 더 높은 수익을 더 안정적으로 기대할 수 있다.

비트코인을 일부 팔고 그 돈으로 미국 주식을 샀다. 2021년 봄, 내 금융 투자 자산에서 비트코인이 차지하는 비율은 70%가 넘었다. 이제 그 비율을 50% 이하로 낮추었다. 비트코인이 더 올라서 비트코인 비중이 더 높아지면, 비트코인을 팔고 미국 주식을 할 것이다. 이것이 현재 나의 투자 자산 포트폴리오다.

4장 파이어족이 됐다고 다 끝난 건 아니다

얼마를 벌면 회사를 그만둘 수 있을까

2013년, 『나는 자기계발서를 읽고 벤츠를 샀다』라는 책을 냈다. 이 책은 '1억을 만들어서 벤츠를 사자!'라는 결심을 하고난 이후에 아우디를 산 경험을 담고 있다. 2011년에 1억을 모아서 아우디를 샀고, 그다음에 벤츠를 샀다.

5년 뒤에는 『나는 카지노에서 투자를 배웠다』라는 책을 냈다. 순자산 20억이 되었을 때 쓴 책이다. 2011년에는 투자금이 1억이고 전 재산이 3억이었는데, 그게 2018년이 되자 순자산 20억이 넘은 것이다. 이때 자산 증가에 큰 영향을 미친 것이 부동산과 비트코인이었다. 새로 구입한 아파트 가격이 50% 이상 상승했고, 비트코인이 2017년 폭등기를 거치면서 큰 이익이 난 것이다.

순자산 20억이 넘었지만 일상은 달라진 게 없었다. 여전히 직장에 다니고, 업무를 보느라 하루가 바삐 지나갔다. 지출이 좀 늘어나긴 했지만 생활이 변한 건 없었다. 이전에는 종종 끼니를 라면으로 때우고 일을 했다면, 이제는 든든하게 비빔밥을 먹는 식이었다. 그 이외에 일하다가 먹고, 일하다가 집에 가는 일상은 똑같았다.

내가 가진 재산의 대부분은 아파트와 오피스텔 같은 부동산으로 묶여 있었다. 순자산이 20억이라 해도 실제 쓸 수 있는 돈이 많은 건 아니었다. 아파트가 몇 채씩 있다면 팔 수도 있겠지만, 나처럼 아파트가 하나만 있는 사람은 자기 집을 팔 생각을 쉽게 하지 못한다.

나뿐만이 아니다. 한국인의 자산에서 부동산이 차지하는 비중은 70%가 넘는다. 즉 부동산만 있고 현금이 없다는 말이다. 재산이 100억이 넘는 부자도 금융 자산으로 부동산을 많이 소유하고 있다. 부동산 월세로 매달 1,000만 원 넘게 들어온다면 일상이 확 바뀔 것이다. 그러나 그정도 수입을 기대하려면 백억 원 이상의 부동산을 소유해야 한다. 몇십억 빌딩을 가지고 있으면 들어오는 월세는 몇백만 원 수준이다. 보통 월급쟁이와 별 차이가 없다. 직장을 다니는 사람에 비해 일을 덜 하고 돈을 버는 이점이 있기는 하지만, 실제 생활에서는 별다른 차이가 없다. 중요한 것은 부동산이 아니라 금융 자산, 실제 사용할 수 있는 돈이 많은 것이었다.

2018년 순자산이 20억을 넘었지만, 이중 15억 원 이상이 부동산이었다. 금융 자산은 비트코인, 주식을 끌어 모아도 4억 정도였다. 이 돈으로 경제적 자유를 얻거나, 하고 싶은 걸 마음대로 할 수는 없었다. 심지어 4억은 노후대책 자금이기도 해서 지금 당장 쓸 수도 없었다. 이 돈만 믿고 회사를 그만둘 수는 없었다.

이때부터 생활이 달라지기 위해서는 금융 자산이 많아야 한다는 것을 실감했다. 2018년에는 회사를 다니지 않아도 될 정도의 금융 자산을 만들자, 라는 목표를 세웠다. 일을 하지 않아도 먹고 살 수 있는 삶. 소위 말하는 경제적 자유를 얻고 싶었다.

그렇다면 금융 자산이 어느 정도 있어야 회사를 그만둘 수 있을까? 앞으로 정년 때까지 회사를 다니면서 얻을 수 있는 소득만큼의 돈이 있으면 회사를 그만둘 수 있는 게 아닐까. 교수 정년은 만 65세이다. 2018년에 나는 만 49세였고, 앞으로 15년 동안 학교에서 있을 수 있었다. 지금 연봉이 앞으로 조금씩 오르는 것을 고려하면, 연평균 소득이 1억 정도 될 것이다. 앞으로 교수직으로 얻을 수 있는 총 소득은 15억이다. 그러면 투자로 15억을 벌면 회사를 그만두어도 된다.

꼭 15억을 목표로 할 필요는 없었다. 앞으로 직장생활이 15년 남았기에 15억이었을 뿐이다. 좀 시간이 지나 직장생활이 10년 남았다면, 10억만 있으면 된다. 2028년이라면, 5억만 있어도 회사를 그만둘 수 있다.

앞으로 정년까지 회사에서 얻을 수 있는 소득을 모두 대체할 수 있는 소득을 얻으면 회사를 그만두자. 여기서 중요한 것은 부동산을 제외한 소득이다. 그리고 지금까지의 자산은 제외하고, 앞으로 얻을 수익만이다. 이때 내가 투자금으로 운용할 수 있는 총 자산은 비트코인과 주식까지 총 4억이었다. 여기서 5억을 더 벌면 2028년에 그만둘 수 있다. 10억을 더 벌면 2023년에 그만둘 수 있다. 1억만 더 번다면? 그러면 2032년, 정년을 1년 남기고 64세에 그만둘 수 있다.

그렇게 마음먹었지만 사실 막막했다. 지금 가진 금융 자산은 4억 원. 여기에서 100% 수익을 얻는다고 해도 4억 원. 그러면 2029년에나 그만둘 수 있고, 앞으로 10년 후이다. 나이 60세가 넘어서 그만둔다는 것인데, 이게 뭐 큰 의미가 있을까. 이때 회사를 그만두는 것이 경제적 자유를 얻었다고 좋아할 수 있는 일일까? 그리고 무엇보다, 100% 수익, 두 배를 만들겠다고 덤벼드는 것 자체가 투자 상식에서 어긋난다.

2011년부터 2018년까지 7년 만에 재산이 다섯 배 정도 증가했다. 그런데 이건 부동산 가격이 크게 오른 것, 그리고

2017년 비트코인 폭등이라는 아주 예외적인 사건 때문이었다. 그런 행운이 또 오리라는 것은 기대하기 힘들다. 어쨌든 회사를 그만두어도 될 투자 수익을 얻는 것을 목표로 하기는 했다. 하지만 과연 그 날이 언제 올지, 정년퇴직 전에 오기는 하는 건지 기대하기 힘들었다. 언제쯤 회사를 그만둘 수 있을까. 빨리 그만두고 싶다고 생각했지만, 10년 내에는 어려울 것 같았다.

파이어족이 될 준비 완료

앞으로 직장에서 벌 수 있는 소득을 완전히 대체할 수 있는 금융소득을 얻는 것. 자본주의 사회에서 경제적 자유를 얻어 퇴사를 감행하기 위한 나만의 기준이었다. 만 65세까지의 수입을 미리 얻으면 퇴직할 수 있다고 보았다. 1년 금액은 1억으로 정했다. 정년이 10년 남았으면 10억이 있어야 하고, 정년이 5년 남았으면 5억만 있으면 된다. 이때 5억, 10억은 이미 보유한 금융 자산을 제외한 앞으로 얻을 수익만을 의미했다.

2018년에 이 금액을 달성하면 회사를 그만두자고 생각했다. 하지만 어느 세월에 이 금액을 달성할 수 있을지는 모르는 일이었다. 그런데 상상하지 못했던 일이 벌어졌다. 2021년

1월, 스스로 설정한 목표 금액을 단 3년 만에 모으게 되었다.

2021년 기준으로 나는 만 52세가 되었다. 앞으로 정년까지 13년 남았고 1년에 1억을 기준으로 13억의 투자 수익을 얻으면 직장을 그만둘 수 있었다. 그런데 2021년 1월 말, 나의 투자 수익 계산표에 13억이 찍혔다. 3년 전 나의 금융 투자 자산은 4억을 좀 넘은 상황이었다. 그게 세 배 이상 수익을 냈다. 수익이 13억이니 총 금융 자산은 17억이 넘었다.

주식으로도 어느 정도 수익이 나기는 했다. 2020년 코로나 사태 이후 주식 폭등으로 몇억의 수익이 생겼다. 하지만 수익의 가장 큰 비중은 역시나 비트코인이었다. 2020년 가을 이후 비트코인이 계속 올랐고, 2021년 1월 4,000만 원이 넘어섰다. 비트코인이 오르면서 조금 있었던 알트코인도 올랐다. 결과적으로 비트코인이 4,000만 원대가 되면서 회사를 그만둘 수 있다고 설정한 기준 금액을 넘어 섰다.

앞으로 최소 10년은 지나야 달성할 수 있을 거라 생각한 수익이었다. 그런데 단 3년 만에 목표를 이루게 되었다. 약 300%가 넘는 수익률이었다. 난 투자를 할 때 이렇게 큰 수익률을 목표로 하지 않는다. 높은 수익을 목적으로 하면 반드시 탈이 난다고 생각했다. 그래도 요즘은 나름대로 높은 수익률을 목표로 하고 있는데, 연 20%의 수익률을 바라는 것이다. 4년에 두 배가 되는 것을 목적으로 투자하고 있다. 매출 증가율 20%, 이익 증가율 20% 등의 주식 투자 기준을 만든 것은, 투자 수익 연 20%를 목적으로 하기 때문이다. 비트코인도 4년에 한 번 반감기가 이루어지니, 4년마다 두 배, 즉 연 20%는 될 수 있으리라는 기대 때문이다. 세계 최고의 투자자인 워렌 버핏도 연 20%의 수익을 달성했다고 하니, 내가 계속해서 연 20%의 수익을 달성할 수만 있다면 부자가 되는 것도 먼 미래는 아닐 것이다.

연 20%의 수익을 계속해서 달성하면 앞으로 7~8년 정도 뒤에는 회사를 그만둘 수 있다. 그런데 연 70% 이상의 수익률이 달성되었다. 물론 이 모든 게 나의 실력이라고 생각하지는 않는다. 코로나로 인해 주식이 폭락하고 비트코인이 폭등한 것은 내가 예상할 수 있는 일이 아니었다. 비트코인은 반감기가 지났으니 오를 것으로 생각하긴 했지만, 얼마나 오를 것인가는 예측 불가능하다. 그리고 비트코인이 오르더라도 도중에 얼마나 출렁일지, 얼마나 폭등과 폭락을 거듭할지는 전혀 예상할 수 없었다.

무엇보다 실력이라고 하기에 난 주식이나 비트코인에 대해 모르는 게 너무 많았다. 내가 들고 있는 미국 주식 중에 도큐사인과 스퀘어가 있는데, 처음 도큐사인이 일본회사인줄 알았다. '도큐'를 일본어로 알았다. 그리고 스퀘어가 비트코인을 많이 가졌다는 것 역시 사고 나서 한참 후에 알았다. 이런 것도 제대로 모르고 투자하는건 정말 무식한 행위다. 가상 화폐 시장에서는 그동안 새로 생긴 아이다, 폴카닷 같은 코인에 대해서 전혀 모르고 있었다. 무엇보다 가상 화폐 시장을 잘 알면 폭락했을 때 사고 폭등했을 때 팔면 엄청난 수익을 올릴 수 있었을 것이다. 하지만 난 그렇게 사고팔지 못한다. 폭등했을 때 사고 폭락했을 때 파는 것은 잘할 수 있다. 그런데 가격이 출렁일 때 거기에 맞춰 수익을 얻는 일은 내가 할 수 없는 일이다.

무엇보다 3년 사이에 이런 금액을 달성할 수 있을 거라 예상하지 못했다. 사실 주식시장에서 수익을 세 배 이상 얻는 것은 그리 드문 일이 아니다. 그러나 어떤 종목이 세 배가 된다는 것과, 총 수익이 세 배가 된다는 것은 다른 이야기이다. 어느 한 종목만 있으면 수익을 배로 올릴 수 있다. 하지만 분산 투자와 포트폴리오로 단기간에 수익을 세 배 이상 올리는 것은 거의 불가능하다. 또 투자 액수도 중요하다. 100만 원을 투자해서 300만 원 되는 것은 심심찮게 볼 수 있다. 마찬가지로 1,000만 원의 투자금이 단기간에 3,000만 원 되는 것도 충분히 있을 수 있다. 그런데 1억 원이 3억 원이 되는 것은 전혀 다른 이야기이다. 100억 원이 300억 원이 되는 것은 또 다른 이야기다. 투자금이 커질수록 같은 수익률을 얻기가 어려워지기 때문이다.

워렌 버핏이 뛰어난 투자자라는 것은 단지 연 20%의 수익률을 얻었다는 것에 있지 않다. 사실 연 20% 이상 수익률을 얻는 투자가는 전 세계에 많다. 워렌 버핏보다 더 월등한 투자 수익률을 올리는 사람도 생각보다 많다. 그런데도 워렌 버핏이 유명한 이유는 투자 금액의 크기 때문이다. 투자금 1억 달러를 가지고 연 20% 수익 올리는 것은 월 스트리트의 많은 투자 전문가가 할 수 있다. 그런데 워렌 버핏처럼 투자금 약 2천억 달러 이상 규모에서 연 20% 수익률을 올리는 것은 하지 못한다.

내가 이용한 투자금은 4억 원 정도였다. 이 정도 금액만 되도 1년에 두 배 오르는 것을 기대하기 어렵다. 어느 한 종목에 올인하고 그게 두 배 이상 오르는 것은 거의 복권 당첨에 버금가는 행운이라 볼 수 있다. 아니, 나는 이 정도 금액을 한 종목에 올인하는 것 자체를 시도조차 하지 못했다. 좋게 말하면 분산 투자의 원칙을 잘 지키는 것이고, 나쁘게 말하면 그만한 배포가 없었다. 투자 자산을 한 종목에 집어넣는 건 내가 할 수 있는 일이 아니었다. 4억 원은 10여 개의 해외 주식과 비트코인, 그리고 가상 화폐에 퍼져 있었다. 가장 큰 비중을 차지하는 비트코인도 전체 비중이 50%가 안 되었다.

종목 20개 중에서 총 금액이 두 배 이상 오르리라 기대하기란 어렵다. 연 20% 이상만 지속적으로 올라도 훌륭했다. 그런데 그게 3년 사이 세 배 이상이 되었다. 4억 원대로 시작한 포트폴리오가 3년 사이에 10억 원을 훨씬 넘은 것이다. 운이 좋았다고 밖에 말할 수 없다. 코로나로 인한 돌발 상황에서 운 때가 맞았다. 그러나 어쨌든 오르긴 올랐다. 내가 회사를 그만 둬도 된다고 생각한 기준 수익 선을 넘었다. 수익이 그 기준선을 넘은 날, 나는 굉장히 놀랐다. '와, 이게 정말 있을 수 있는 일이었구나.'

그런데 정말 교수를 그만두어야 할까

2020년 1월, 회사를 그만두기로 한 금액을 달성했다. 하지만 바로 회사를 그만두지는 않았다. 목표 금액을 달성했지만, 이건 비트코인, 주식 등으로 있는 금액이다. 하루에 몇 퍼센트는 계속 왔다 갔다 하고, 또 10% 정도 폭락할 가능성이 언제든지 있다. 지금 기준 금액이 넘었다 해도, 바로 오늘 내일 그 금액 이하로 떨어질 수도 있다. 목표를 달성했다는 것에 놀랍고 즐거웠지만, 아직 회사를 그만둘 수 있는 금액은 아니었다.

1월에 4,000만 원이 넘은 비트코인은 그 후에도 계속 올랐다. 5,000만 원 원이 되고 6,000만 원이 된다. 주식도 조금씩 올랐다. 그만두기로 한 기준 금액보다 20% 정도가 올랐다.

10% 정도 폭락은 항상 있다고 봐야 하지만, 20% 이상 폭락하는 경우는 굉장히 드물다. 설사 그렇게 폭락하더라도 원래 기준 금액보다는 높았다. 2월이 되면서 이 정도면 안정적으로 기준 금액을 넘었다고 봐도 될 것 같았다. 그리고 이렇게 기준 금액을 안정적으로 넘었다고 인식하면서, 회사를 그만두는 건에 대해 본격적으로 고민하게 된다.

투자를 할 때는 목표가 필요하다. 투자만이 아니라 다른 모든 것도 마찬가지다. 목표가 있는 상태에서 행동할 때 무언가를 이룰 가능성이 더 높아진다. 특별한 목표가 없이 그냥 하면 똑같이 행동하더라도 효과가 떨어진다. 이런 이야기는 단순히 자기계발서만 하는 것이 아니라, 경영학에서 말하는 기본이다. 회사에서 팀 단위 목표나 연간 매출 계획을 괜히 세우는 게 아니다. 목표를 갖고 움직일 때 더 실적이 좋기 때문이다. 그리고 목표는 구체적이어야 한다. 단순히 '열심히 하자'로는 안 되고, 뭔가 구체적으로 손에 잡히는 목표여야 한다. '많은 매출을 올리자' 보다 '매출 100억 달성' 식이어야 한다.

2018년에 파이어족이라는 목표를 세웠다. 순자산 20억이라는 이전의 목표를 달성했었기 때문에 무언가 새로운 방향성이 필요했기 때문이다. 이제 이전에 상상하지 못했던 금융 자산이 만들어졌고 마침내 목표를 달성했다. 그렇다면 다 된 게 아닐까. 정말 회사를 그만둘 필요는 없지 않을까?

지금 다니는 회사가 박봉이라거나, 매일같이 야근에 시달리는 블랙 기업이라면 지금 당장 그만두려 했을 것이다. 하지만 내가 재직한 학교의 대우는 굉장히 좋았다. 월급도 다른 학교보다 많으면 많았지 결코 적지 않았다. 여타 대학의 등록금이 10년 넘게 동결되면서 대부분 학교 교직원의 월급도 동결되었다. 재정난으로 월급이 감축된 대학도 많았다. 그런데 내가 다니는 대학은 해마다 월급이 올랐다. 총액 기준으로 볼 때 대학 교수 중에서 상당히 많은 금액이라고 할 수 있었다.

학교 일이 이전보다 많아지기는 했다. 10년 전만 해도 대학 교수는 학생을 가르치는 일만 신경 쓰면 되었다. 그러나 등록금이 동결되고 대학 평가 제도가 도입되면서 학교 일이 굉장히 많아졌다. 대학 평가에 따라 각종 지원금부터 학생 등록금 지원 등이 결정되니 평가 점수를 잘 받아야 했다. 그러다 보니 평가 보고서 등을 작성해야 하고, 평가 기준에 따라 여러 서류, 정말로 여러 서류가 충족되어야 한다. 등록금이 동결되니 수입은 그대로인데 지출은 계속 늘어난다. 국가는 등록금 동결과 함께 여러 교육 사업을 시행했고, 여기에 참여하면 지원금을 지급했다. 돈을 벌기 위해서는 이런 사업에 참여해야 한다. 신청서를 작성하고, 보고서를 작성하고, 평가 작업을 하는 등의 일련의 작업이 추가된다. 요즘 대학은 학생을 가르치는 일은 주가 아니다. 대학 평가 보고서, 기관 인증 보고서, 각종 사업 관련된 보고서를 작성하는 일이 더 중요하다. 아무리 학생들을 잘 가르쳐도 보고서 하나를 못 쓰면 대학은 망한다. 2021년, 대학 평가에서 인하대학교, 성신여자대학교가 부실 대학으로 발표되어 논란이 발생했다. 인하대학교가 어떻게 부실 대학인가를 두고 반발이 심했지만, 대학에 몸담은 사람 입장에서 볼 때 그 원인은 별 게 아니다. 보고서를 다른 대학에 비해 못 썼기 때문일 것이다.

아무리 요즘 대학에 일이 많다 하더라도, 어쨌든 방학은 있다. 보고서를 작성하는 업무에 참여하는 교수는 굉장히 바쁘지만, 그런 업무에 참여하지 않는 교수도 많고 그러면 일반 직장보다 더 어렵다고 말하기는 힘들다. 무엇보다 대학 교수의 정년은 만 65세이다. 다른 분야는 60세가 정년이라 해도 아무 문제없이 다니기는 힘들다. 중간에 나와야 한다. 그런데 대학 교수는 명예퇴임을 하는 경우 일찍 그만두는 경우가 있지만, 일반 회사와 달리 이건 정말로 본인의 선택에 달려 있다. 그리고 그만큼 많은 돈을 받고 나온다.

요즘 대학이 학생 수 감소로 점점 더 어려워졌지만, 그래도 내가 있던 학교는 서울에 있기 때문에 학생 모집에 있어 다른 대학보다 유리했다. 요즘 대학의 경쟁력은 어떻게 가르치느냐, 교육 시설이 어떠냐, 교육 환경이 어떠냐 등이 중요하지 않다. 그보다 서울에서 얼마나 가까운지가 훨씬 더 결정적이다. 난 교수 중에서도 여러모로 굉장히 좋은 환경에 있었다. 그런데 이런 직장을 정말로 그만둬야 하나?

회사를 다니지 않을 정도의 돈이 있다고 해서 직장을 꼭 그만둬야 하는 건 아니다. 교수 중에는 집안의 화려한 배경 덕에 충분한 재산이 있는 사람이 많다. 그 옛날 미국으로 유학을 가고, 명문대를 졸업했다는 것 자체가 충분한 돈이 있다는 의미였다. 가끔 국가장학금만으로 유학을 간 사람도 있기는 하지만, 여유 있는 집안 출신이 대부분이다. 그렇게 돈이 있지만, 그래도 교수 생활을 하는 사람이 많다. 사실 내가 가진 재산은 이들에 비하면 많은 것도 아니다.

직장의 명예나 수입 등을 고려하면 교수직을 그만두어서는 안 된다. 이만한 직장을 다른 어디에서도 찾기 힘든 게 사실이다. 직장을 다니지 않아도 된다고 해도 그것이 퇴사의 결정적 사유가 될 수는 없다. 돈이 있는 만큼, 그 상태로 계속 직장을 다니면 되지 않나. 그러면 훨씬 더 안정적으로 큰 수익을 얻을 수 있다. 회사에서 쫓겨나가는 것이라면, 회사를 더는 다니기 힘든 상황이라면 또 모르겠다. 그런데 지금 직장에서는 아무 문제없다. 그런데 왜 직장을 그만둬야 하나. 직장을 그만둘 필요는 없다는 생각이 점점 더 강해졌다.

직장에서의 성공 대신 퇴사를 택했다

분명 2018년에 일정 금액이 넘으면 회사를 그만두겠다고 마음먹었고, 그걸 목표로 삼아왔다. 정말로 하고 싶은 일에 대해 조건을 붙이고 그에 대한 보상을 주기로 했다면, 그 조건이 달성되었을 때 그 보상을 주어야 한다. 아이에게 이번 시험에 90점 넘으면 게임기를 사주겠다고 약속을 했으면, 정말로 90점을 넘었을 때 게임기를 사줘야 한다. 아이가 게임기를 얻겠다고 열심히 공부해서 결국 90점이 넘는 성적표를 가지고 왔는데, 부모가 게임기를 사주지 않으면 곤란하다. 이후에는 부모가 약속하는 것에 대한 신뢰가 떨어지기 때문이다. 앞으로 공부하면 무엇을 해주겠다고 하는 말들은 모두 믿을 수 없는 말이 된다. 최소한 그런 말을 믿고 아이가 열심히 공부하는 일은 없을 것이다.

난 지난 기간 동안 스스로 목표를 세워 왔다. 그 모든 목표를 달성하지는 못하지만, 일부는 계속 달성해 왔고 진전이 있었다. 회사를 그만두는 것이 나의 마지막 목표는 아니고, 앞으로도 뭔가 또 스스로 목표를 세우고 이루고자 할 것이다. 그런데 여기에서 스스로 부과한 조건과 약속을 뒤집으면 곤란하다. 사실 이렇게 빨리 회사를 그만두는 조건이 달성될 줄 몰랐다. 그러나 어쨌든 조건이 달성되었으니 그대로 이행할 필요가 있다. 회사는 그만두어야 한다.

사실 이게 가장 큰 이유일 것이다. 하지만 이것만으로 회사를 그만둘 수는 없었다. 이성적으로는 스스로 한 약속대로 그만두어야 한다고 생각하지만, 그러기에는 회사를 그만두는 건 큰일이다. 2~30대가 회사를 그만두겠다고 하는 것과 50 넘은 사람이 회사를 그만두겠다고 하는 것은 차원이 다르다. 젊은 사람은 회사를 그만두고 지내다 다시 회사로 들어갈 수 있다. 회사를 그만두고 지내다 마음이 바뀌거나, 또는 돈을 다시 벌어야겠다는 현실적인 이유로 다시 취직을 할 수 있다. 회사에 취직하는 것이 어렵다고는 해도, 어쨌든 기회를 노려볼 수는 있다.

하지만 50대는 다르다. 지금 회사를 그만두면 직장 생활하고는 영영 인연이 없다고 봐야 한다. 회사를 그만둔 다음에 '그래도 회사를 다니는 것이 나았어'라면서 다시 취직을 시도할 수 없다. 취직을 시도해도 받아 줄 직장이 없다. 더구나 내가 일하던 학교란 곳은 나이 50에 새로 들어가겠다고 생각하는 것 자체가 언감생심인 곳이다. 학교는 이직할 수는 있어도 새로 취직하는 것은 꿈도 꿀 수 없는 곳이다. 지금 학교를 그만두면 이제 평생 다시는 학교에 발을 붙이지 못한다. 지금 내 나이와 직장의 특성상 한번 그만두면 재기의 기회가 없는데도 정말로 그만두어야 할까. 회사를 그만둘 다른 이유에 대해 계속 생각했다.

나는 책을 쓰는 사람이다. 대학원 때도 앞으로 책을 써야지,라고 생각하기는 했다. 그러나 본격적으로 책을 쓰는 것을 나의 삶에서 목적 중 하나로 생각하게 된 것은 서른이 되면서부터였다. 이때부터 계속 책을 쓰고자 했다. 막상 처음 책을 쓴 것은 내 나이 40대 중반이 되어서였다. 그때부터 지금까지 계속해서 책을 내고 있다.

책을 열 권 넘게 썼지만, 이 중에서 베스트셀러는 없다. 책을 써서 유명해진다거나 돈을 많이 버는 일은 일어나지 않았다. 오히려 책을 쓰는 일이 돈이 안 된다는 것을 분명히 알게 되었다. 책을 써서 돈을 번다는 것은 어려운 일이다. 특히 다른 직업 없이 책만 쓰는 전업 작가가 되는 것은 정말 어렵다. 다른 직업 없이 책 쓰는 일을 하기 위해서는 책으로 생활비를 벌어야 한다. 사람들은 교수가 되는 것이 어렵다고 말하고, 투자자로 성공하는 것도 어렵다고 말한다. 하지만 전업 작가가 되는 일이 훨씬 어렵다. 어쨌든 교수는 우리나라에만도 몇만 명이나 된다. 투자자로 성공했다는 이야기는 서점 경제·경영 매대에 가서 보면 수도 없이 찾아볼 수 있다. 그런데 전업 작가로 성공한 이야기는 찾아보기 힘들다. 또 책으로 생활비를 버는 전업 작가라 해서 잘산다는 이야기는 아니다. 한 달에 150만 원씩 꾸준히 벌어 어쨌든 먹고살 수 있다고 해도 전업 작가이다. 그런데 이런 수입을 꾸준히 얻는 것도 거의 불가능한 일이다. 책만 쓰고 살아갈 수 있다는 것은 정말 축복받은 인생이다.

회사를 그만두면 다른 직업을 구하지 않고 책 쓰는 일을 할 수 있다. 기존의 전업 작가와는 좀 다르기는 하다. 원래 전업 작가는 책으로 생활비를 버는 것을 말하는데, 난 책으로 생활비를 벌지 못한다. 하지만 생활비는 기존에 번 투자 수익으로 충당할 수 있기에 다른 직업 없이 계속해서 책을 쓸 수 있다. 이건 책을 쓰는 사람으로서 계속해서 바라던 일이다. 다른 일 없이 책을 읽고 쓰기만 하는 생활, 이건 이쪽 분야의 사람에게는 꿈이자 이상이었다.

꼭 책을 쓰는 일은 아니더라도, 예술 관련해서는 자기가 하고 싶은 일을 하기 위해서 직장을 그만두는 경우가 있다. 특히 다른 직장보다 시간을 내기 용이하고, 또 자기가 하고 싶은 일을 하는 것이 상대적으로 쉬운 교수직을 그만두고 자신이 하고 싶은 일을 하는 사람을 부러워했었다. 다치바나 다카시는 보다 많은 시간을 책만 보는 데 사용하고 싶다는 이유로 문예춘추 기자직을 그만두었다. 원래 문예춘추 기자는 책을 많이 보고 글을 써야 하는 직업인데, 읽어야 하는 책이 아니라 읽고 싶은 책을 더 읽겠다는 이유로 회사를 그만두었다. 내가 30대 때, 굉장히 감명 깊게 받아들인 에피소드였다. 천경자, 이왈종은 미대 교수면서, 그림을 그리겠다는 이유로 교수직을 그만두었다. 김정운 교수도 교수를 그만두고 여수에 내려가 책을 읽는 삶을 택했다. 난 그동안 이런 사람들을 롤모델로 삼아왔다. 그리고 나도 직장을 그만두고 하고 싶은 일만 할 수 있게 되기를 염원했다.

　나는 직장에서 크게 성공하지 못했다. 베스트셀러 작가가 되지도 못했다. 하지만 비트코인과 주식에서 수익을 얻어 회사를 그만둘 수는 있게 되었다. 그러면 그동안 동경해왔던 롤모델들처럼 직장을 그만둘 수 있지 않을까. 20년 가까이 동경해 왔던, 하고 싶은 일을 하기 위해 직장을 그만두는 것을 실제 내가 실행해도 되지 않을까. 역시 회사를 그만두어야겠다.

일이 없으면 자유로울 수 있을까

2021년 4월 23일, 회사를 그만두는 게 확정되었다. 일반인들은 교수 신분이 굉장히 다양하다는 것을 잘 알지 못한다. 전임교수, 초빙교수, 겸임교수, 정교수, 부교수, 조교수, 정년트랙교수, 비정년트랙 교수 등등 굉장히 많은 명칭이 있다. 그런데 이 중에서 학교에서 진짜 교수라고 할 수 있는 것은 정년트랙 전임교수이다. 강의 이외에 학교 행정적인 일도 하고, 또 무엇보다 정말로 정년이 보장되는 교수이다. 정년트랙 전임교수로 들어가면 특별한 일이 있지 않는 한 만 65세까지 다닌다. 정년트랙 전임 교수에는 조교수, 부교수, 정교수가 있다. 조교수, 부교수, 정교수라고 해서 모두 다 정년트랙은 아니다. 조교수, 부교수라 해도 비정년트랙이 있고, 정년트랙이 있다. 조교수는 3년마다 재계약을 하고 부교수는 6년마다 재계약을 하고 정교수는 재계약이 없이 정년까지 다닌다. 정년트랙의 경우 3년마다, 6년마다 재계약을 한다고 해서 정말로 계약을 할까 말까를 심사하는 건 아니다. 재임용을 위한 최저 조건만 채우면 바로 재계약이 된다. 그리고 그 최저 조건은 사실 특별한 노력 없이 기본적인 것만 하면 달성될 수 있는 조건이다. 비정년트랙의 경우는 그 조건을 맞추기 위해 많은 노력을 해야 하고 재계약이 안 될 가능성이 있다. 하지만 정년트랙의 경우에는 모두 다 재임용이 된다. 교수 임용과 관련해서 재임용에서 떨어졌다고 가끔 소송이 발생하는데, 정년트랙에서는 당연히 재임용이 되는 건데도 재임용이 안 되었기 때문에 소송을 하는 것이다.

나는 부교수 마지막 연차였고, 이제 정교수로 승진하거나 부교수로 재임용되거나 둘 중 하나였다. 승진 서류와 재임용 서류 제출해야 하는데, 제출 마감일이 4월 23일이었다. 재임용 서류를 내야 재임용이 되어서 9월 1일부터 다시 6년의 임기가 시작된다. 만약 승진이 되면 9월 1일부터는 정교수로 앞으로 더 이상 재임용 서류를 제출하는 일 없이 정년까지 있을 수 있다. 그런데 난 승진 서류도 재임용 서류도 내지 않았다. 직장을 그만둔다는 것이 확정되는 순간이었다.

다른 직장이었으면 사표를 내면 길어야 한 달 정도 회사를 다닌다. 하지만 학기를 기준으로 움직이는 학교에서는, 강의 도중에 그만두는 것은 곤란하다. 그래서 교수 임용, 강사 임용 등은 모두 학기를 기준으로 이루어지고 웬만하면 도중에 그만두거나, 채용하지 않는다. 1학기는 8월 31일까지이다. 나는 그때까지 학교에 있어야 했다. 사표를 제출한 것이라면 도중에 사표를 철회하거나 취소할 수 있다. 그러나 재임용 서류를 제출하지 않으면 중간에 취소할 수도 없다. 이날, 회사를 그만둔다는 것이 확정되고 더는 돌이킬 수 없게 되었다. 회사를 계속 다닐까 말까 하는 고민은 이때까지 계속 되었었다. 이때 그런 여지도 사라졌다. 완전히 그만두기로 결정하고, 이로 인한 고민도 끝났다.

정말로 그만둔다는 것이 확정되고, 학교에 공식적으로 이야기하고 나서 이제 더는 직장을 다니지 않아도 되었으니 굉장히 즐거웠을까? 바라고 바라던 자유인이 되었다라고 환성을 질렀을까? 마음이 그렇게 굴러가지 않았다. 사실 나 스스로 충격을 받았다. 무언가에 맞아서 띵한 상태가 되었다. 머릿속에서 아무것도 생각할 수 없었다. 가만히 있을 수도, 무언가를 할 수도 없었다. 멍하니 있었는가 하면 멍한 것도 아니었다. 멍한 것은 평온한 때 멍한 것이지 머리에 충격을 받아서 아무 생각을 할 수 없는 것을 멍하다고 하지 않는다.

난 지난 몇 달 동안 계속해서 그만두는 것에 대해 생각했다. 하지만 앞으로 그만둘 거라는 것과 정말로 그만두는 것은 달랐다. 사표를 내겠다고 결심하고 주위 사람들에게 말하는 것과 정말로 사표를 내는 것은 다른 이야기였다.

이날, 그냥 몇 시간 동안 아무 생각 없이 걸었다. 그리고 내 인생이 여기서 완전히 달라진다는 것을 실감했다. 지금까지의 삶과 앞으로의 삶은 완전히 달라진다. 그리고 앞으로 어떤 삶을 살게 될지 전혀 예상할 수 없다. 교수로서의 삶은 예측 가능했기에 어렵지 않았다. 선배 교수들의 발자취를 보면 나도 앞으로 저렇게 될 거라는 것을 알 수 있었다. 나이 60이 되면 학교생활이 어떻게 되는지, 정년이 될 때 어떻게 지내는지, 정년하고 나서 삶이 어떤지도 대강 이야기할 수 있다. 좋고 나쁘고를 떠나서 예측할 수는 있는 것이다. 그런데 이제는 앞으로 어떻게 될지 모른다. 불확실성이 앞날을 기다리고 있다.

그만두기로 한 날의 충격이 오래가지는 않았다. 그다음 날부터는 이제 어떻게 할까를 고민했다. 사실 지난 몇 달간 그만둘까 말까만을 고민했다. 그만둔 다음에는 지금 있는 돈을 그냥 쓰면서 살자, 라고 생각했다. 사람들은 경제적인 면만 해결되면 회사를 그만두고 완전한 자유를 누리며 마음대로 살 수 있을 것으로 생각한다. 나도 그렇게 생각했다. 그러니 회사를 그만둔 다음에 어떻게 살 것인가에 대해서는 별다른 생각을 하지 않았다. 말 그대로 완전히 자유를 누리며 마음대로 살면 된다. 앞으로 어떻게 될까는 별 고민하지 않았고, 그만둘 것인가 말 것인가만 고민했다.

이제 어떻게 될까를 본격적으로 고민하기 시작한 것은 회사를 그만두는 것이 공식화된 다음이었다. 회사를 그만두는 것이 확정되고 나서, 그럼 이제 어떻게 될까를 생각하기 시작했다. 그리고 그걸 고민하기 시작하면서, 완전히 다른 세상이 펼쳐졌다. 그동안 자유롭게 살아갈 수 있다는 것에 대해 좋게만 생각하고 동경만 해왔다. 그런데 이제 막상 자유롭게 살게 되니 자유롭게 산다는 것이 무엇인가 하는 그동안 알지 못했던 새로운 면들이 팍팍 튀어나온다. 다음 장에서는 회사를 그만두고 난 후 나에게 일어난 변화에 대해 이야기하겠다.

50억도 충분한 돈은 아니었다

회사를 그만두는 것이 공식적으로 확정되고 난 후 앞으로의 미래를 본격적으로 생각하기 시작했다. 이전에도 앞으로 어떻게 살 것인가를 생각하지 않은 것은 아니었다. 하지만 그만두기 전에 앞으로 어떻게 해야 할지 생각하는 것과 그만두고 난 후에 앞으로 어떻게 할까,라고 생각하는 것은 확연히 달랐다. 그만두기 전에 생각하는 것은 상상이지만 그만두고 생각하는 것은 현실이다.

난 지금의 생활을 정년 때까지 계속 하면서 지낼 수 있는 소득을 마련한 다음에 그만두었다. 그러면 경제적인 어려움도 없으니 이제부터 정말 하고 싶은 것만 하면서, 매일 골프를 치고 여행만 다니면서 살 수 있지 않을까. 모든 사람이 돈을 벌어 일찍 은퇴를 하면 그런 삶을 살 수 있을 거로 생각한다. 소위 파이어족이 누릴 것이라 보는 삶의 모습이다.

그런데 그렇게 간단한 일이 아니었다. 가장 먼저 돈이 문제였다. 그만둘 때의 나의 자금 사정을 보자. 일을 그만두기 위해서는 현금 자산이 중요하다 보았고, 이때 내가 가진 자산은 20억이었다. 하지만 비트코인과 주식에 묶인 돈이다 보니 이 돈은 고정된 것이 아니다. 기본적으로 하루에 몇 퍼센트는 등락하고, 그러면 하루 몇천만 원이 움직인다. 많으면 20 몇억이 되고 떨어지면 몇억이 떨어지기도 한다. 하지만 어쨌든 평균 20억 원 정도였다.

현금 자산만 있는 건 아니었다. 부동산도 있었다. 부동산은 문재인 정권 때 폭등했고 내가 가진 부동산도 많이 올랐다. 부동산에서도 지난 2년간 7억 이상이 올랐고, 시세 가격은 30억 정도이다. 그런데 부동산 가격이 오르는 것은 나에게 별다른 이익을 주지 못했다. 현재 거주하고 있기에 올랐다고 팔 수 있는 것도 아니고 그냥 가지고 있을 뿐이다. 그러나 그렇더라도 어쨌든 총 30억의 부동산을 보유한 셈이다.

그래서 내가 보유한 순자산은 50억이다. 사실 50억은 나에게 꿈의 숫자였다. 이 정도면 돈에 대한 걱정 없이 살 수 있을 거라 생각했다. 그런데 50억이 있다고 잘살 수 있는 것은 아니었다. 소형 건물을 보유한 사람, 강남에서 다세대 주택을 가진 사람 중에서는 순자산 50억이 넘는 사람이 많다. 그런데 이들 대부분은 부동산은 많은데 현금 자산이 없다. 지금 당장 쓸 수 있는 돈이 많지 않으니 평소 생활은 보통 사람과 별 차이가 없다. 그런데 난 현금 자산으로 20억이 있다. 이 정도면 충분히 잘살 수 있지 않을까.

이 돈을 은행에 두고 1년 생활비만큼만 빼서 사용하면 오래오래 지낼 수 있을 것이다. 그런데 여기에는 문제가 있다. 지금의 생활을 앞으로 몇십 년간 유지해야 한다는 것이다. 더 나은 생활을 기대해서도 안 된다. 무언가 새로운 일을 벌여서도 안 된다. 도중에 큰돈을 쓸 일도 없어야 한다. 그냥 정말로 지금의 삶을 죽을 때까지 계속 유지한다는 것을 전제로 한다.

지금부터 본격적으로 골프를 치러 다니겠다고? 여행을 다니겠다고? 그러면 생활비가 더 든다. 지금 당장은 괜찮겠지만, 나중에 노년이 되었을 때 분명 생활에 구멍이 생긴다. 어느 시점에 돈이 하나도 없는 상태가 되어 버린다. 앞으로 돈을 더 벌 수 있는 기회가 있거나 수입이 생기면 이런 걱정을 하지 않아도 될 것이다. 그런데 직장을 그만두었으니 앞으로 수입은 없다. 은행에 돈을 두고 있으니, 돈이 불어날 리도 없다. 지금 무언가 새로운 취미 생활을 하고 지출을 늘리면, 나중에 반드시 문제가 발생한다. 그냥 지금의 생활만을 그대로 유지해야 한다. 앞으로 몇십 년을 나아가지 않고 새로운 것이 없는 삶, 발전하지 않는 정체된 삶을 살아야 한다는 뜻이다. 직장을 그만두는 이유는 더 하고 싶은 것을 하면서 자유롭게 지내기 위해서이지, 지금의 삶을 죽을 때까지 그냥 유지하기 위해서가 아니다. 그런 정체된 삶이 아니라 정말로 새로운 취미 활동을 하고, 하고 싶은 것들을 자유롭게 하면서 지내기에는 이 돈으로는 한계가 있다. 돈 걱정을 하지 않고 마음대로 쓸 수는 없는 것이다.

은행에 돈을 두고 빼서 쓰는 것이 아니라 계속 투자를 하면 돈을 더 벌 수 있을 것이다. 그러면 하고 싶은 것들을 하면서 사는 삶이 가능하다. 그러나 투자는 불안정하다는 문제가 있다. 투자로 돈을 번 나는 이 점을 아주 분명히 알고 있다. 투자에서 가격의 급등락은 항상 있는 일이다. 비트코인은 20% 이상 하락하는 일이 1년에 한 번 꼴로 발생한다. 주가 지수도 20% 하락하는 일이 계속 발생한다. 특정 종목으로 들어가면 갑자기 50% 하락하는 것도 언제든 가능하다. 지금 20억이 있다지만, 언제 15억으로 떨어질지 모른다. 대폭락을 맞아 10억으로 반타작이 날 수도 있다. 이 돈만 믿고 직장까지 그만두었는데, 투자금으로 계속 돈을 두다가 폭락하면 정말 큰일 난다.

평생 살 수 있는 돈이라 해도, 그 돈을 은행에만 묶어두고 있으면 안 된다. 더는 나아지지 못하고 정체, 안주하는 삶이 된다. 그렇다고 계속 투자금으로 돌리는 것도 곤란하다. 직장을 그만두었는데 투자금에서 손실을 보면 치명타가 된다.

중요한 점은, 20억, 50억이란 돈이 있다고 해서 돈으로부터 자유로워지는 것은 아니라는 점이다. 돈에 대해 걱정하지 않고 사는 것, 돈에 대해 고민하지 않고 그냥 쓰는 것, 우리는 그런 삶을 원한다. 그리고 어느 정도의 돈이 있으면 돈에 대해 자유로워질 것으로 생각하고 그정도의 돈을 갖기를 원한다. 10억이 있다면, 30억이 있다면, 하고 그 돈이 있으면 경제적 어려움에서 벗어날 것으로 생각한다.

그런데 그게 그렇게 되는 게 아니었다. 지금 난 돈에 대해 생각하지 않고 돈 걱정을 하지 않나? 아니다. 오히려 더 하면 더 하지 덜 하지 않는다. 지금 있는 돈을 앞으로 죽을 때까지 어떻게 나눠 써야 하는지도 생각한다. 문제는 언제 죽을지 모른다는 점이다. 80에 죽을지, 90에 죽을지, 100살까지 갈지 모른다. 80으로 생각하고 계획을 짰는데, 90살까지 살게 되면 마지막 10년은 굉장히 어려운 삶을 살 수밖에 없다. 그렇다고 100살까지 지금 생활 수준을 유지하려면 지금 있는 돈으로는 안 된다. 단순히 먹고살기만 하면 가능하겠지만, 하고 싶은 일을 하면서 지낼 수는 없다.

총 자산 50억, 금융 자산 20억을 가지고 있으면서 돈에 대해 고민하는 것을 보면 배부른 소리라고 비난할지 모른다.

사실 나도 그렇게 생각했었다. 이전에 몇몇 책에서 부자란 어느 정도 돈이 있어야 하는가에 대한 이야기를 읽은 적이 있다. 돈에서 자유로운 사람이 부자라면, 몇십 억가지고는 부자가 될 수 없다고 했다. 몇십 억으로는 돈의 속박에서 벗어날 수 없다. 몇십 억 가진 사람은 진정한 부자가 아닌데 스스로 부자인 줄 알고 부자인 척하는 사람이라 했다. 정말로 돈에 대해 걱정하지 않고 쓸 수 있으려면 100억은 있어야 한다고 했다. 그때는 이 글들을 그냥 그런가 보다 하고 지나갔다. 그런데 이제는 공감한다. 몇십 억은 분명 많은 돈이지만, 돈에 대해 걱정하지 않는 진정한 경제적 자유를 줄 수 있는 돈은 아니다. 무엇보다 난 지금 돈 걱정에서 벗어나지 못한 채 앞으로 어떻게 해야 하나를 계속 고민하고 있다.

나는 퇴사했어도 친구들은 직장에 다닌다

경제적 자유를 얻고 나서 직장을 그만둘 때 기대하는 것 중 하나는 이제 매일매일 놀러 다닐 수 있겠다는 것이었다. 그동안은 출근을 해서 하루 종일 직장에서 시간을 보내야 했다. 주말에는 출근을 하지 않는다 해도 일주일 간의 업무로 피곤해서 논다기 보다는 쉬는 것에 가까웠다. 이제 직장을 다니지 않으면 그 시간에 마음대로 놀 수 있다. 매일 게임할 수도 있고 골프를 치러 다닐 수도 있다. 평일에 여행을 다닐 수 있어, 주말이나 연휴에 사람에 치이면서 다닐 필요도 없다. 사람이 없는 시간대에 한가하게 여유를 누릴 수 있다. 그런데 막상 직장을 그만두고 놀러 다니려고 하니 한 가지 문제가 발생했다. '누구와?'라는 문제이다.

직장을 그만두고 가장 큰 변화 중 하나는 주변 사람과의 인간관계가 끊긴다는 점이다. 인간관계에서 가장 많은 비중을 차지하는 것은 직장이다. 아침부터 퇴근 전까지, 직장 내에서 만나는 사람들이 인간관계의 주를 차지한다. 꼭 직장 내에서 만나지 않더라도 주로 만나는 사람들은 업무와 관련해서 만나는 이들이다.

자영업을 하는 사람, 영업을 뛰는 사람은 직장 내의 인간관계가 폭넓지 않다. 하지만 결국 이들도 손님과 만난다. 자기 업무와 관련해서 계속 사람들을 대한다. 이런 인간관계가 꼭 좋은 관계인 것만은 아니다. 사이가 안 좋은 직장 동료나 상사 때문에 스트레스를 받기도 하고, 갑질하는 손님 때문에 괴로워하기도 한다. 어쨌든 사람들하고 같이 부딪힌다.

직장을 그만두면 직장에서의 인간관계는 다 끊긴다. 그중 몇몇을 퇴직 후에 만난다고 해도 아주 가끔씩이다. 직장을 통해서 알게 된 영업처 사람들과의 관계도 끊어지는 건 물론이다. 퇴직 후에도 계속 인간관계를 유지하는 것은 친구와 가족들뿐이다.

그동안 일에 몰두해 온 삶에서 벗어나 가족과 함께 시간을 보내고 싶다고 한다. 말은 좋다. 그런데 이건 정말로 가족과 같이 밥 먹기도 힘들었던 사람이나 할 수 있는 말이지. 더는 직장에 나가지 않아 계속 집에 있는 사람이 할 말은 아니다. 일주일에 한 번 온 가족이 모여 식사를 하는 건 괜찮다. 그런데 매일매일 삼시 세끼를 가족과 같이 밥을 먹으며 시간을 보내는 것은 축복이 될 수 없다. 무엇보다 다른 가족들이 그걸 좋아하지 않는다. 가족도 가끔 어울릴 때야 좋은 것이지, 매일 같이 시간을 보내는 것은 아이가 어릴 때 빼고는 좋은 일이 아니다. 그런데도 매일 같이 시간을 보내는 경우는 한 쪽이 다른 쪽을 일방적으로 도와줄 때, 아니면 같이 일을 할 때이다. 한 쪽이 다른 쪽의 도움을 필요로 할 때 계속 같이 있고 싶어 한다. 그런데 이건 서로 윈윈하는 행복한 가족이라고 보기 어렵다. 가족으로서의 의무를 지키기 위한 인내가 더 크다.

직장을 그만두고 가족과 함께 시간을 보내고 싶다는 건 같이 외식하고 여행 다니고, 서로 대화하는 것이다. 그런데 이건 매일 할 수 있는 일, 하루 종일 할 수 있는 일이 아니다. 매일 했다간 즐거움이 아니라 괴로움이 된다. 본인이야 즐거울 수 있지만 다른 가족들은 그렇게 생각하지 않는다.

친구도 마찬가지다. 오랜만에 만나 떠들면 좋다. 그런데 이것도 '오랜만'일 때 좋은 것이다. 매일 만나면 이야기가 달라진다. 무엇보다 매일 만나는 건 불가능하다. 나는 직장을 그만두었기 때문에 매일 만날 수 있다. 그야말로 매일 골프 치러 가는 것도 가능하다. 그런데 친구들은 아니다. 친구들은 직장에 다녀야 한다. 매일 골프 치러 갈 시간도, 그럴 여유도 없다.

다른 모든 취미 활동도 마찬가지다. 같이할 사람이 있어야 한다. 그래야 재미있고, 직장을 그만두는 의미가 있다. 나는 돈도 시간도 있다. 그런데 다른 친구들은 아닌 경우가 더 많다. 그래서 결국 혼자 할 수 있는 것을 해야 한다. 혼자 가까운 산에 가서 등산은 할 수 있다. 하지만 본격적으로 멀고 높은 산을 가려면 이것도 혼자서는 위험하다. 온라인 게임은 혼자 할 수 있다. 하지만 직장을 그만두고 혼자 집구석에 처박혀 온라인 게임만 하는 것은 누가 봐도 좋다고 볼 수 없다. 더구나 난 한때 리니지 폐인이 아니었던가. 하루 24시간 게임을 틀어놓고 그 속에서만 생활했던 적이 있었다. 어떤 기준으로 봐도 게임 중독이었다. 인생의 가치관이 게임을 위주로 돌아갔다. 이런 경험은 인생에 한 번은 몰라도 두 번 하고 싶지는 않다.

직장을 그만두면 그동안 지내 온 인간관계가 대부분 사라진다. 아무리 직장에 사람 적다고 해도, 사람의 인생에서 직장이 차지하는 비중은 굉장히 크다. 그게 없어지면 주변에 사람들이 없어진다. 인간은 사회적 동물이다. 사람과 어울리며 지내야 한다. 좋은 관계이든 나쁜 관계이든 사람과 어울리는 그 자체가 중요하다. 그런데 직장을 그만두면 혼자 있는 시간이 급격히 증가한다. 아무리 돈과 시간이 있어도 소용없다. 그 시간을 같이 보낼 사람이 없으면 절대 행복할 수 없다. 가족과 친구에 할애하는 시간을 늘린다고 해도, 조금 증가할 뿐이다. 혼자 보내야 하는 시간은 절대적으로 훨씬 많아진다. 사람이 행복을 느끼는 것은 주로 다른 사람과 어울릴 때다. 더 행복해질 줄 알고 직장을 그만두었는데, 혼자 오래 있게 되니 이게 더 행복해진 건지, 더 나아진 건지 헷갈린다.

직장을 그만두고, 업무를 하지 않으면서 사람들과 계속 어울릴 수 있는 방법은 한 가지이다. 취미 동아리, 취미 모임을 찾아나서는 것이다. 여기서는 같은 수준으로 만나고 같이 다닐 수 있는 사람들을 찾을 수 있다. 직장을 다니는 친구들과 매일 골프 치러 가는 건 불가능하지만, 여기에서는 매일 골프 치러 가는 것이 가능하다. 이런 취미 모임은 생각보다 많다. 많은 사람이 일하지 않고 여가 생활을 하며 삶을 즐기고 있다. 그런데 여기서도 문제가 있다. 동호회는 대부분 나이가 많다는 것이다. 특히 매일매일 일하지 않고 취미활동을 할 수 있는 동호회는 평균 연령대가 더 높다. 내가 낄 자리가 아니다.

또 하나, 이건 새로운 사람을 만나는 것에 대해 아무런 부담감이 없는 사람에게는 좋은 기회일 수 있다. 하지만 낯선 사람과 어울리는 것을 잘 못하는 나 같은 사람에게는 의미가 없다. 낯선 사람들 사이에 들어가서, 그 사람들과 인사하고 새로운 인간관계를 만들어가는 것, 잘하는 사람도 있지만 못하는 사람도 있다. 그리고 분명히 나는 이런 걸 잘 못하는 사람이다. 기존 인간관계를 유지하는 것은 그런대로 하지만, 새로운 인간관계를 맺는 것은 잘하지 못한다.

결국 난 혼자 있는 시간만 굉장히 늘어났다. 친구들과 만나기는 하지만, 이전과 똑같은 빈도이다. 가족들과 보내는 시간도 이전과 별반 차이가 없다. 학교와 관련된 인간관계는 끝났지만, 새로운 인간관계는 만들지 못했다. 혼자 있는 시간이 크게 늘어난 것이 좋으냐 나쁘냐는 사람에 따라 다를 것이다. 난 혼자 책을 읽는 시간, 끄적이는 시간, 뭔가를 배우는 시간이 늘어난 것을 긍정적으로 생각한다. 하지만 더 행복해졌느냐고 물어보면 그건 아니다. 더 불행한 것도 아니다. 그냥 이전의 마음 상태가 그대로 유지되고 있다고 보는 게 맞을 것이다. 경제적 자유를 얻어 직장을 그만둔다고 더 많이 놀고 더 행복해지는 건 아니었다.

우리 인생이 그렇게 단순하지만은 않다

종영 이후에도 계속해서 회자되는 드라마가 있다. 그런 드라마 중 하나가 바로 〈그들이 사는 세상〉이다. 노희경 작가의 작품이고 송혜교, 현빈이 주연인 작품으로 드라마를 만드는 PD, 작가, 제작국의 세계를 그린 작품이다. 여기서 여주인공 준영의 엄마는 돈 많은 독신녀다. 빌딩이 있고, 여기서 나오는 임대료로 호화로운 생활을 한다. 매일매일 쇼핑을 하고, 또 친구들과 화투를 친다. 준영은 그런 엄마를 싫어한다. 허구한 날 쇼핑만 해대고, 도박을 하고, 술에 취해 지내는 엄마를 멀리한다.

준영의 남자친구인 지오는 이런 준영의 엄마에 대해 이렇게 말한다.

"강남에 빌딩도 있고, 아무 부족한 게 없는데 뭐가 문제일까?"

이 말을 들은 극 중 배우로 나오는 윤여정이 답한다.

"재산이 많으면 행복해? 재산, 명예, 인기, 그거 다 있으면 행복해? 인생이 그렇게 단순해? 그러면서 어떻게 드라마를 찍는다고 하니?"

그리고 나중에 준영이 엄마를 어느 정도 이해하게 되는 신이 나온다. 준영은 엄마가 쇼핑이나 도박을 하지 않고, 술 마시지 않을 때는 무얼 할지 궁금해 한다.

준영의 엄마는 아침에 일어나서 자기 직전까지 달리 할 게 없다. 그냥 우두커니 앉아 TV나 볼 뿐이다. 돈을 벌기 위해 일을 하지 않아도 되니, 특별히 일을 하진 않는다. 작은 빌딩이라면 자기가 빌딩 관리라도 해야 되겠지만, 큰 빌딩이니 관리 회사가 있어 다 해준다. 하루 종일 하는 일 없이 가만히 있다. 그러다 가끔 쇼핑을 하고, 친구들과 만나 고스톱을 친다. 준영이 보기에는 쇼핑만 하고 고스톱만 치는 것처럼 보이지만, 사실 이건 엄마의 생활을 볼 때 아주 가끔 하는 행사이다. 평소에는 그냥 혼자 아무것도 하지 않고 무료하게 시간을 보낸다. 그런 엄마의 평소 생활을 인식하게 되면서 준영은 엄마의 입장을 어느 정도 이해하게 된다.

이 드라마에서 무얼 이야기하는 줄을 알겠다. 나름대로 의미도 있어 보인다. 그렇지만 그렇게까지 공감이 되었느냐 하면 그렇지 않았다. 이 이야기를 완전히 공감하게 된 것은 내가 회사를 그만두고 난 다음이었다.

하루 중 직장에서의 일과는 많은 시간을 차지한다. 우리는 직장에서 대부분의 시간을 보낸다. 우리는 일을 하지 않으면 많은 시간이 생기고, 그러면 스스로 하고 싶은 일을 많이 할 수 있을 거로 생각한다. 보통 하고 싶은 일이 많은데 시간이 없어서 못한다. 시간이 없는 주된 이유는 해야 되는 일 때문이다. 해야 되는 일만 없어지면, 충분한 시간이 있을 것이고, 그러면 보람 있는 일들을 할 수 있을 것이다.

그런데 정말로 그런 시간이 주어지면 우리는 어떻게 될까. 일을 하다 생기는 쉬는 시간이나 휴가가 아니라 하는 일자체가 없어지면 어떻게 될까? 언뜻 보면 좋아 보이지만, 하루 24시간을 어떻게든 때워야 한다. 잠을 자고 밥을 먹고, 씻는데 기본적인 시간을 보내더라도 하루 15시간은 깨어 있다. 이 시간을 뭐든 하면서 보내야 한다. 그런데 할 게 없다. 아무것도 할 게 없이 보내는 시간은 끔찍한 시간이다.

만나고 싶은 친구들을 보면서 시간을 보내면 되지 않나? 그런데 친구들이 하루 종일 나만 만나고 살 수는 없다. 무엇보다 친구는 일을 해야 한다. 백수인 나를 자주 만나면서 시간을 같이 보내 줄 수는 없다.

취미 생활을 하면 되지 않을까? 그런데 취미는 가끔 하니까 취미지. 매일 하면 취미라 하더라도 하루 한두 시간이다. 취미 생활을 열심히 해도 아직 하루가 10시간 이상 남아 있다. 그럼 하루 10시간 취미 생활을 하면 되지 않나. 그런데 이렇게 시간을 보내면 그건 더 이상 취미가 아니라 일이 된다. 일을 하고 싶지 않아서 직장을 그만두었는데, 다른 것을 일로 삼은 셈이다. 직장에 다니면 돈이라도 생기지, 취미를 일로 하면 들어오는 것도 없다. 일을 열심히 하면 성취감이라도 있지만, 취미만 열심히 하면 성취감도 없다. 성취감이 있기는 하지만 자기만족일 뿐이다. 아마추어의 취미 생활은 한계가 있기 마련이다. 거기서 더 높은 성취감을 얻고자 하면 이제 아마추어가 아니라 그 분야의 프로로 가야 한다. 프로가 되면 더 이상 취미가 아니라 일이 된다. 자기 취미를 일로 연결시켰다는 점에서 보다 나아졌다고 하겠지만, 처음에 일을 그만둔 의미는 적어진다.

정말이다. 직장을 그만두고 파이어족이 되었다고 해서 좋아하는 일만 하면서 보람차게 살 수 있게 되는 것이 아니다. 〈그들이 사는 세상〉에 나오는 준영의 엄마처럼 된다. 어쩌다 일탈을 즐기기는 하지만, 대부분의 시간을 혼자 우두커니 보내는 게 된다. 이런 삶을 부러워하는 사람도 있겠지만, 막상 닥치면 절대 부러워할 만한 일이 아니다. 본인 스스로가 망가진다. 무엇보다 직장을 그만두고 파이어족 생활을 선택했을 때 꿈꾸던 생활이 아닌 것은 분명하다.

이런 일이 벌어지지 않으려면 직장을 그만두고 나서의 일과를 계획해야 한다. 취미 생활이 아닌, 일로써 할 수 있는 게 있어야 한다. 이는 직장에서 주어진 일을 하는 것과 달리 자기 스스로 추구하는 일을 바꿔나가는 것이다. 즉 일을 그만두는 게 아니라, 하는 일을 바꾸는 것이다.

지금도 심심찮게 파이어족이 되어 직장을 그만두는 사람들이 나온다. 그런데 직장을 그만두고 더는 일을 하지 않겠다는 파이어족도 시간이 지나면 이런저런 활동을 한다. 유튜브나 블로그를 하고, 코칭이나 강연을 한다. 이들은 이런 활동을 단순한 취미 수준이 아니라 직장 수준으로 시간을 할애한다. 이런 파이어족의 행보에 대해 많은 사람이 비판을 하곤 한다. 파이어족이라면서 왜 이렇게 열심히 유튜브를 하나. 돈이 충분히 있어 직장을 그만두었다면서 왜 수익을 얻기 위한 활동에 이렇게 열심인가. 정말로 돈이 있긴 한가? 파이어족이 아니면서 파이어족 행세를 해 돈을 벌려는 게 아닌가?

하지만 난 이들을 이해한다. 그럼 뭘 하면서 하루를 보내란 말인가. 하루 종일 우두커니 TV나 보면서 지내야 하나. 정신적인 자극을 찾아서 도박을 하고, 유흥에 빠져 살아야 하나.

그렇게 살 수는 없고, 그렇다고 다시 직장을 찾아 취직할 수는 없다. 새로 사업을 시작할 준비는 되지 않았고, 사업을 할 돈이 따로 있지는 않다. 파이어족은 남은 삶에서 필요한 돈만 있을 뿐이다. 새로 사업을 할 돈은 없다. 이때 가장 부담 없이 쉽게 할 수 있는 것이 유튜브, 블로그, 강연 등의 활동이다.

누구에게나 주어진 24시간이란 건 축복이기도 하지만 저주이기도 하다. 어떻게든 시간을 보내야 하는 것, 이건 절대 쉬운 일이 아니다. 해야 되는 일이 없을 때, 24시간을 보내는 일은 절대 쉽지 않다. 파이어족이 되었다 해도 무언가 새로이 할 수 있는 일을 찾아야 한다. 결국 파이어족은 직장을 그만두는 것으로 끝이 아니다. 직업을 바꾸는 것이다. 새로운 직업을 찾지 못하면 드라마 속 준영의 엄마처럼 된다.

모든 것이 내 선택으로 이루어진다

파이어족이 되고 나서 가장 좋은 점은 자기 스스로를 더 알게 되었다는 것이었다. '자기가 좋아하는 일을 찾자', '자기 자신을 알자' 등의 말이 있다. 지금까지 내가 경험한 일 중에서 자기 자신을 가장 잘 알게 되는 방법은 바로 파이어족이 되는 것이다.

내가 보기에 파이어족은 두 종류로 나눌 수 있다. 하나는 돈을 아껴서 지출을 대폭 축소해 파이어족이 되는 경우다. 지출을 줄이면 적은 돈으로 일하지 않고 살 수 있다. 한 달 생활비로 100만 원만 쓴다고 하자. 그러면 1년은 1,200만 원이면 살 수 있고, 1억 2천만 원이면 10년을 살 수 있다. 2억 4천만 원이면 20년, 3억 6,000만 원이면 30년을 살 수 있다. 열심히 저축해서 3억 원만 모으면 충분히 직장을 그만두고 살아갈 수 있다. 객관적으로 충분한 돈이라고는 할 수 없지만, 스스로 충분한 돈이라고 생각하면 파이어족이 될 수 있다.

직장을 그만두고 있는 돈으로만 살아간다는 점에서 파이어족이기는 하다. 그런데 이것만으로 경제적 자유를 얻었다고 보기는 어렵다. 한 달에 1,000만 원씩 쓰면서 지금의 삶을 유지하는 것이라면 모를까, 100만 원으로 지금의 삶을 유지하는 거라면 무엇보다 새로운 시도를 하는 게 불가능하다. 이런 경우는 파이어족이 된다 해서 반드시 자신을 알게 된다고 보기 어렵다.

돈을 쓸 자유가 있는 파이어족도 있다. 주관적으로 충분한 돈이 있는 게 아니라, 객관적으로 볼 때 충분한 돈을 확보한 뒤 파이어족이 되는 경우이다. 이때는 자기가 무엇을 좋아하고 싫어하는지, 그동안 자기가 좋아한다고 생각해 왔지만 실제로는 어떤지 등을 분명히 구분할 수 있게 된다.

직장을 그만두고 파이어족이 되면 그때부터 모든 것은 자기 선택에 달려 있다. 이때부터는 직장에서처럼 누가 시키지 않는다. 뭔가를 하지 않는다고 문제 될 것도 없다. 돈을 벌기 위해서 반드시 해야 할 일도 없다. 일단 누가 돈을 준다고 해서 그 일을 꼭 해야 할 필요도 없다. 여기서부터는 모든 것이

자기 선택이다. 하고 싶으면 하는 거고, 하고 싶지 않으면 하지 않는 것이다.

직장에서는 다른 사람의 눈치 때문에 나서야 할 때도 있다. 다른 사람과의 인간관계 때문에 일을 떠맡기도 한다. 다른 사람의 평가나 시선 때문에 하는 일도 있다. 봉사활동을 하는 경우조차 다른 사람에게 긍정적인 인상을 주기 위해 한다는 식이다. 이때 본인 스스로는 다른 사람에게 긍정적으로 보이기 위해 하는 것이 아니라 자기가 하고 싶어서 한다고 생각할 수 있다. 실제 욕망을 드러내기 어려울 때면, 우리는 스스로 '이건 돈 때문에 하는 게 아니라 내가 좋아서 하는 일이야!'라고 세뇌시킨다. 자기가 어떤 생각을 할 때 그게 진심인지 아니면 스스로 변명하기 위해 만들어 낸 생각인지 구별하기 힘들다. 우리의 마음과 두뇌는 자신을 합리화시키는 데 천재적이다. 필요하다면, 자신의 생각을 만들어 낸다. 해야 하는 일, 하면 좋은 일을 자기 자신이 정말로 좋아하는 일이라고 마음속에 각인시킨다.

직장을 그만두고 파이어족이 되면 이 족쇄가 풀린다. 돈을 위해서 무언가를 할 필요가 없다. 아무리 많은 돈을 준다고 해서 자기가 정말로 좋아하는 일이 아니면 안 하면 그만이다. 직장을 그만두어 업무상 인간관계가 끊기고 나면 더 이상 다른 사람들에게 좋은 인상을 주기 위해 무언가를 할 필요가 없다. 다른 사람이 자기를 좋게 생각하는지 나쁘게 생각하는지 별 상관 없다. 다른 사람에게 평판이 나빠진다고 해서 승진에 영향을 받는 것도 아니고 수입이 줄어드는 것도 아니다. 앞으로 도움을 받을지도 모르니 지금 잘해줘야 한다는 의식도 사라진다. 파이어족이 되면 인간관계가 최소화된다. 의무적으로 잘해야 하는 사람 수도 최소화된다. 나머지 사람이 어떻게 생각하느냐는 나하고 무관하다.

이제는 꼭 하고 싶은 일과 하고 싶지 않은 일이 구분되기 시작한다. 그동안 좋아하는 일이라고 생각했는데, 이제는 하고 싶지 않은 일이 생길 수도 있다. 그동안 스스로 좋아하는 일이라고 세뇌시킨 것이다. 업무적인 일뿐만 아니라 취미 활동에서도 마찬가지다. 좋아하는 일이라고 여겼는데 더는 하기 싫은 일도 생긴다. 정말 그 취미가 좋았던 게 아니라, 그 취미를 통해서 사회와 연결되고 인정받는 것을 바랐던 것이다.

파이어족이 된 뒤에도 계속해서 하고자 하는 일도 있다. 누가 하라는 사람도 없고 돈이 나오는 것도 아니다. 이건 정말로 좋아하는 일이다. 이렇게 계속 하고 싶은 일이 있다는 건 정말 다행이다. 이런 일이 하나도 없다면, 파이어족이 된 다음에 무얼 할지 몰라 남는 시간을 보내는 것이 상당히 골치 아프다.

자기 자신에 대해 알게 된다고 해서 반드시 좋은 측면으로만 알게 되는 것은 아니다. 소위 사회에서 말하는 나쁜 측면도 있다. 그동안 사회 인식 때문에, 직장에서 불이익이 돌아올까 봐 하지 않았던 일도 있다. 예를 들어 주변에서 도박에 대해 나쁘게 말하기 때문에 자기도 덩달아서 도박을 나쁘게 보았던 경우가 있다. 파이어족이 되면 이런 의문도 모두 풀린다. 이때가 되면 정말로 자기가 도박을 좋아하는지 싫어하는지 알게 된다. 계속해서 도박이 마음에 안 들 수도 있다. 하지만 그동안 싫어했던 도박을 하고 싶어질 수도 있다.

그동안 시간이 없어서, 돈이 없어서 하고 싶어도 못했지만, 이제는 돈도 있고 시간도 있다. 이때 정말로 하게 되는 게 있고, 파이어족이 된 다음에도 계속 하지 않는 것도 있다. 정말로 하게 되는 일이 좋아하는 것이고, 파이어족이 되어도 하지 않는 것은 말만 하고 싶다고 한 것들이다.

그동안 교수 생활을 하면서 10년 넘게 수업을 했지만, 강의하는 걸 좋아하지 않았다. 외부 강의든 인터넷 강의든 마찬가지다. 1년에 보통 5~7개의 프로젝트를 해왔던 프로젝트에서도 은퇴했다. 더는 자문 활동도 하지 않는다. 자문은 한 번 참여하면 20만 원은 받는다. 단가로 따지면 가장 남는 일이다. 이제는 이것도 다 거절하고 있다.

하지만 책은 계속 쓴다. 신문 칼럼도 요청만 있으면 무조건 할 것이다. 이건 정말 돈이 안 되는 일이긴 하지만 계속하고 싶다. 나는 항상 악기를 배워야지, 라고 생각했다. 그런데 파이어족이 되고 나니 몇 개월이 지났는데 움직이지 않고 있다. 정말로 내가 원했던 건 아니었다는 뜻이다. 난 포르쉐, 페라리 같은 스포츠카를 사고 싶다고 생각했고, 이제는 살 수 있다. 하지만 사지 않는다. 정말로 스포츠카가 좋았던 게 아니라 포르쉐나 페라리가 있다고 자랑하고 싶었던 것 같다.

새로 시작한 것도 있다. 자전거는 새로 시작했다. 그리고 홀덤에 대해 새로 배우고 알아가고 있다. 홀덤 국제 대회도 나가고 싶다. 난 역시나 도박을 좋아하는 사람이었다. 파이어족이 되면 자기 자신에 대해 더욱 더 많이 알게 된다. 다른 어떤 방법보다 효과가 좋다. 이 점은 분명 파이어족이 되었을 때의 장점이라 할 수 있다.

자본주의, 자본가에게 유리한 사회

파이어족이 되면 세상을 보는 눈이 달라진다. 특히 경제를 보는 관점에서 기업을 보는 눈도 달라지고 정부 경제 정책을 보는 눈도 달라진다. 이건 투자와 관련해서 매우 큰 영향을 미칠 수 있는 사안이다. 앞으로는 좀 더 큰 시각, 지금까지는 몰랐던 관점으로 투자를 할 수 있게 될 것 같았다.

직장에 다닐 때는 일을 해야 하는 근로자였다면, 이제는 자본만으로 살아갈 수 있는 자본가가 되었다. 진짜 자본가가 보기에는 내가 가진 자산이 턱없이 부족해 보이겠지만, 자본만으로 살아갈 수 있다는 점에서 어쨌든 자본가다.

자본가가 되고 나서 알게 된 것 중 하나는 자본주의를 이전과 달리 인식하게 되었다는 것이다. 그동안은 자본주의가 단순히 돈이 중요한 사회, 돈을 추구하고 돈을 더 벌려고 하는 사회라고 생각했다. 하지만 많은 사람이 자본주의 사회가 도래하기 전에도 돈을 많이 벌려고 했다. 자본주의는 자본이 경제의 동력이 되는 사회이다. 경제학에서는 이런 어려운 말을 사용하는데, 쉽게 말하면 자본을 가진 사람에게 유리한 사회라는 것이다. 자본주의 사회에서는 모든 사회 시스템이 자본가에게 유리하게 작동한다.

이때 중요한 것은 '모든 사회적 시스템'이라는 키워드다. 우리 사회는 빈부의 격차를 줄이기 위해 노력한다. 이때 자본주의의 문제점을 치유하기 위한 여러 제도가 만들어졌다. 하지만 자본주의 시스템은 절대적으로 자본가에게 유리하게 굴러간다. 가난한 사람을 돕기 위해 정책을 만들고 시행한다고 해서 자본가에게 불리한 건 아니다. 가난한 사람을 돕는 정책 역시, 결국에는 자본가에게 이익이 되는 시스템이다.

코로나 사태 때 국민을 대상으로 지급한 재난지원금을 보자. 이때 상위 12%에게는 지원금을 지급하지 않았다. 역병 속에서 자본가가 아닌 국민을 대상으로 지원한다. 분명 자본가에게 불리한 정책으로 보인다.

나는 불과 1년 전만 해도 이런 재난지원금을 반대했다. 재난지원금 자체를 반대한 것은 아니다. 재난지원금이 특별히 필요하지 않은 중산층까지 지원하는 것을 반대했다. 코로나로 인해 정말로 어려운 사람이 있는데 국민 80%에게 지원금을 지급하면, 돈이 없어서 당장 굶어야 하는 이들에게 제대로 된 혜택이 돌아가지 않을 거라 생각했다.

그런데 이제는 내가 자본가가 되었다. 자본가가 되고 재난지원금이 나에게 이익이 된다는 걸 알게 되었다. 사람들이 25만 원의 재난지원금을 받으면 바로 사용한다. 그동안 밀렸던 임금을 지급한다. 임금을 받은 사람은 그 돈으로 밥을 사 먹는다. 식당 주인이 그 돈으로 마트에서 장을 본다. 마트는 임대료를 지불한다. 이런 식으로 돈이 돌고 도는 것이다. 코로나로 인해 전 세계 주요 국가가 가난한 사람들을 돕기 위해 돈을 풀었다. 주식, 부동산 가격이 폭등했다. 자본을 가진 사람은 큰 이익을 본다. 나는 고민이 생겼다. 재난지원금을 찬성해야 하나 반대해야 하나. 나는 비록 재난지원금을 받지 못하지만, 재난지원금은 결국 나의 부를 최소한 몇천만 원 증가시킬 것이다. 작년까지 재난지원금에 반대해 왔지만, 나의 이익을 위해서는 찬성해야 하는 것 아닐까. 가난한 이들을 돕고자 해도 결국 자본가가 많은 이익을 얻을 수 있는 것, 그게 바로 자본주의의 속성이었다.

투자도 자본가에게 훨씬 유리했다. 근로자일 때는 투자를 한다 해도 주식, 부동산, 코인밖에 없었다. 누가 도와줄 사람도 없고 스스로 부딪혀야 했다. 투자를 도와준다는 사람은 실제 수익을 올려주는 것에는 관심이 없고, 내 돈을 이용해 돈을 벌려는 사람뿐이었다. 결국 나는 돈을 잃고, 투자를 도와준다는 사람이 돈을 번다.

자본가가 되니, 수익률이 좋은 투자 방법이 훨씬 많아졌다. 사람들은 부동산이 굉장히 좋은 투자처인 줄 안다. 그런데 부동산보다 좋은 투자 방법이 무수히 많다. 어설픈 부자나 부동산을 산다. 진짜 부자는 자기가 사는데 필요한 부동산만 있으면 된다고 생각할 뿐, 따로 부동산 투자를 할 필요가 없다. 재벌이 부동산으로 돈을 벌기 위해 아파트, 빌라를 수십 채 산다는 이야기는 들어본 적이 없다. 부동산보다 더 좋은 투자 방법과 투자처가 많기 때문이다.

투자를 도와준다고 하는 사람은 나의 수익에 관심이 없었다. 하지만 자본가를 대상으로 투자를 도와준다고 하는 사람은 실질적으로 자본가의 수익을 올려준다. 자본가의 수익을 올려주고, 그에 대한 수수료를 받는다. 일반인을 상대로 하는 투자 조언가에게 돈을 맡기면 안 된다. 언제 사기당할지 모른다. 그런데 자본가를 상대로 하는 투자 조언가에게는 돈을 맡겨도 된다. 그들은 정말 최선을 다해 수익을 내려고 한다. 근로자가 투자를 할 때는 많은 노력을 해야 한다. 하지만 자본가가 되니 그런 노력도 필요 없었다. 그냥 수익률만 검토하고 투자처를 옮기기만 하면 된다. 나머지는 전력으로 도와주는 사람에게 맡겨도 된다. 그래도 충분한 수익을 얻을 수 있었다.

마찬가지로 정부가 어떤 산업군을 규제하면, 그 현장에서 일하는 근로자에게는 큰일이다. 수익이 줄어들고 결국에는 일자리를 잃을 수도 있다. 그런데 자본가의 입장은 다르다. 어떤 한 산업을 규제하면 다른 산업이 성장한다. 그 성장 산업에 투자하면 된다. 근로자는 한 산업에 있다가 다른 산업으로 쉽게 이동할 수 없다. 자본가는 가능하다. 어떤 식으로든 자본가는 자기 이익을 지켜낼 수 있다. 이 사회는 자본주의다. 사회의 모든 시스템이 자본가에게 유리하게 만들어져 있다. 내가 근로자일 때는 보이지 않던 것들이 보인다. 이런 시각 변화가 직장을 그만둔 후 나에게 발생한 가장 큰 변화 중 하나였다.

더는 하기 싫은 일은 하지 않는다

직장을 그만두고 몇 개월이 지났다. 그동안 어떤 변화가 있었을까? 직장이라는 족쇄가 없어지니, 자유롭게 하고 싶은 일을 하면서 마음대로 지낼까?

나의 하루 일과를 살펴보자. 아침 6시에 일어난다. 이때부터 A4용지로 2페이지 분량의 글을 쓴다. 책을 쓰기도 하고, 논문을 쓰기도 하고, 프로젝트 등의 보고서를 쓰기도 한다. 마감이 있으면 더 많이 쓴다. 마감 하나가 끝나면 한동안 쉬기도 한다.

8시에 집을 나서 사무실에 간다. 직장을 그만둔 뒤 개인 연구소를 만들었다. 직장을 그만두었다고 해서 집에만 있을 수는 없었다. 처음에는 투자자문사를 만들려고 했다. 투자는 앞으로도 계속할 것이고, 내가 다른 사람들에게 내세울 수 있는 것은 투자로 돈을 벌었다는 것밖에 없으니 투자자문사를 만들어 본격적으로 투자를 해볼까도 생각했다. 그런데 투자자문사를 어떻게 운용하는지 전혀 알지 못했다. 그리고 난 내 돈으로 투자하지, 다른 사람의 돈을 받아 투자한 적이 없다. 차라리 돈을 꾸지, 다른 사람의 돈을 운용하지는 못하겠다.

투자자문사를 제외하니, 내가 할 수 있는 건 연구소밖에 없었다. 지난 15년간 해 오던 일이 논문, 프로젝트, 자문 활동이었다. 그동안 학교나 학회 소속으로 일을 했다면, 이제 연구소 이름으로 한다. 단, 돈을 벌기 위한 프로젝트는 하지 않는다. 같은 프로젝트라 하더라도 하고 싶어서 하는 것과 돈을 벌기 위해 하는 것은 완전히 다르다. 프로젝트를 하는 도중의 스트레스가 상당히 줄어든다.

아침에 연구소에 가서 이런저런 것들을 정리한다. 행정 처리, 일 처리, 의사결정이 필요한 일들이 있다. 보통은 개인적인 자료 정리다. 어제 한 일, 오늘 할 일, 생활 메모 정리, 앞으로 할 일 등등이다.

이때 전날 주가도 확인한다. 난 단기매매는 하지 않는다. 주식창을 띄워 놓고 주식 호가를 확인하는 일은 하지 않는다. 가지고 있는 주식이 대부분 미국 주식이니, 전날 어떻게 되었는지 확인한다. 비트코인은 가치가 오른다고 팔 것도 아니고, 내린다고 살 것도 아니다. 한 2년 정도 기업 실적이 계속 나빠지거나 사업 환경이 이상해지면 그제야 팔려고 한다. 그러니 평소에 주가, 가상 화폐의 시세를 파악할 필요는 사실 없다. 그런데도 궁금해서 계속 들여다 보고 싶다. 결국 주가를 확인하고, 그래서 현재 총액이 어떻게 되었는지 확인한다. 이는 엑셀 파일을 만들어 정리해 나가고 있다.

일련의 작업이 끝나면, 하루에 배당한 일을 한다. 책 한 권 읽기, 어학 배우기, 신문, 잡지 보기 등이다. 드라마 1편, 만화 1회 배당도 있다. 가장 시간이 많이 드는 건 하루 한 권 책 읽기다. 이건 한자리에 앉아서 끝낼 수 있는 일은 아니다. 아침부터 밤까지, 중간 중간 자투리 시간에 읽고, 쉬는 시간에도 읽고, 일부러 시간을 내서 읽기도 한다. 장소도 상관없다. 집에서, 연구소에서, 전철 안에서, 카페 안에서 읽는다. 이렇게 일주일에 10권 정도의 책을 읽는다. 직장을 그만두기 전에도 계속 그랬다. 투자에 관한 책은 일주일에 한 권 정도 읽는다. 특별히 어떤 주제를 정해두고 책을 읽는 것은 아니다. 경제, 역사, 잡서 등등 그냥 읽고 싶은 책을 읽을 뿐인데, 그렇게 읽다 보면 일주일에 한 권 정도는 투자에 대한 책이 잡힌다.

이렇게 쓰고 읽다 보면 머리가 아프기 시작한다. 요즘에는 3~4시간 정도 쉬면서 몸을 움직인다. 오후에는 밖으로 나간다. 다른 사람과의 약속이나 외부 일정은 모두 이 시간에 소화한다. 요즘은 다른 사람과의 약속, 공식적인 외부 활동이 거의 없지만 몸을 움직여 주어야 한다.

일주일에 두 번 정도 헬스장에 간다. 자전거를 타고, 골프 연습장에 가기도 한다. 난 원래 운동을 싫어했다. 지금도 좋아하는 것은 아니다. 그런데 쓰고 읽고 하다 보면 골치가 아팠고 이를 없애기 위해서는 운동만한 게 없었다. 그냥 가만히 있다고 해서 머리가 맑아지지 않았다. 운동을 해서 몸을 움직이면 골치 아픈 게 없어진다. 그런데 나이가 들어가면서 뭔가 쓰고 읽을 때 유지하는 시간이 점차 감소하고 있다. 그에 따라 운동 시간이 점차 증가하고 있다.

오후와 저녁은 이렇게 시간을 보낸다. 책을 읽고, 머리가 아파져 오면 운동을 하는 등 몸을 움직이고, 좀 쉬다가 책을 읽고, 다시 머리가 아파 오면 운동을 하고, 다시 책을 읽고 등등이다. 그러다 밤이 되면 드라마 하루 한 편이라는 미션을 수행한다. 이렇게 생활하다가 가끔 여행을 간다. 다른 사람에게 내가 많이 하는 일이라고 말할 수 있는 것은 책 읽기와 여행 다니기라 할 수 있다. 그러나 코로나 사태로 여행을 갈 수 있는 여지는 거의 없어졌다. 코로나가 끝나면 여행으로 소비하는 시간도 많아질 것이다.

직장을 그만두고 나서의 일과를 돌아보면, 새로 하게 된

일이 거의 없다. 작년까지는 하지 않다가 새로 시작한 일은 자전거 타기, 골프 치기이다. 이건 직장을 그만두었기 때문에 새로 시작한 게 아니었다. 코로나 이후 재택근무 시간이 늘어나면서, 골프 외에는 친구들과의 만남이 불가능하게 되면서 시작하게 되었다. 직장을 그만두고 경제적 자유를 얻었지만, 막상 새로운 일을 하게 된 건 없다. 하기 싫은 일은 하지 않게 되었을 뿐이다. 그리고 기존에 하던 일을 더 많이 하게 되었다. 파이어족이 된 이후 생활이 크게 달라지지는 않았다. 직장에 소비하는 시간을 다른 데 소비하게 되었을 뿐이다. 그렇다고 지금의 생활에 만족하지 않는 건 아니다. 하기 싫은 일을 하지 않는 것. 이것만은 분명 행운이고 축복이다.

5장 투자가들끼리만 아는 특급 비밀

여전히 해답은 책 속에 있다

투자로 수익을 내기 위해서 필요한 것은 무엇일까? 첫 번째로 말할 수 있는 것은 책 읽기다. 투자와 관련된 책을 계속해서 읽는 것, 그것이 내가 투자 성적을 올릴 수 있었던 1등 공신이다.

난 비트코인 책을 보고 비트코인에 대해 알게 되었다. 해외 주식은 어떻게 시작하게 되었나? 당시 미국 주식, 중국 주식에 대한 책을 계속 읽으면서부터다. 한국에도 주식시장이 있는데, 일부러 해외 주식을 할 필요는 없다. 한국 주식시장이 접근하기 훨씬 쉬운데 몇 번 더 절차를 거쳐야 하고, 주식 매매 시간도 다른 해외 주식을 할 필요는 없다. 하지만 미국 주식에 대한 책을 읽으면서 미국 기업이 한국 기업보다 훨씬 더 전망이 좋다는 것을 알게 되었다. 마찬가지로 중국 주식에 대한 책을 읽으면서 성장하는 중국 기업에 대해 알게 되었다.

처음 해외 주식을 살 때도 당시 미국, 중국 주식 책에서 추천하는 종목들로 포트폴리오를 구성했다. 2019년 해외 주식 포트폴리오를 변경하는 데 가장 큰 도움을 준 것은 일본 서점에서 구한 미국 주식 관련 책이었다. 이 책을 보고 매출과 이익이 주가 그래프와 아주 밀접한 관련이 있다는 것을 알게 되었다. 지금 해외 주식 포트폴리오를 구성하는 원칙을 제시한 것도 이런 책들이었다. 20년 전에도 읽었고, 10년 전에도 읽었고, 지금도 읽고 있다.

투자에 관련된 책이라고 해서 반드시 투자법에 대해 설명하진 않는다. 투자 경험을 쓴 책도 있고, 애널리스트의 자서전도 있고, 투자가에 대한 평전도 있다. 어떻게든 투자와 관련된 책들을 계속 보고 있다. 투자는 주식 투자에 관한 것 이외에도 부동산 투자, 코인 투자, 금, 은과 같은 상품에 대한 투자, 미술품에 대한 투자 등등 상당히 많은 분야가 있다. 이런 것들을 책을 통해 계속 읽고 있다.

혹자는 인터넷 자료나 유튜브 등을 보면 되지 책을 읽을 필요가 있느냐고도 한다. 예전에는 이런 정보를 얻을 곳이 책밖에 없었다. 하지만 지금은 인터넷 검색으로 모든 정보를 찾을 수 있고, 또 유튜브가 투자에 관한 정보를 쉽고 재미있게 제공한다. 인터넷 검색, 유튜브가 책보다 훨씬 편리하다. 시간도 절약되고, 별도의 비용도 들지 않는다. 이런 좋은 도구를 두고 일부러 책을 읽을 필요는 없지 않을까?

그러나 책의 가장 중요한 기능은 지식을 전달하는 게 아니다. 책은 사람의 사고에 영향을 미친다. 책을 한두 권 읽는다고 사람이 바뀌지는 않는다. 그러나 계속해서 책을 읽으면 책은 사람의 생각 패턴에 영향을 미친다. 투자에 관한 책을 계속 읽으면 투자자의 사고방식이 되는 것이다. 인터넷 검색과 유튜브는 지식을 전달하긴 하지만 투자자의 사고방식을 만들어 주는 것은 어렵다. 그냥 투자 정보를 알고자 한다면 인터넷 검색과 유튜브로도 충분하다. 하지만 투자는 그냥 알기만 해서 되는 것이 아니다. 그에 따라 행동을 해야 하고, 그 행동을 유지하고 수정해야 한다. 이렇게 행동과 습관에 영향을 미치기 위해서는 책 읽기가 필요하다.

두 번째 이유는 온라인에서 얻는 정보가 책에서 얻는 정보보다 불완전하기 때문이다. 인터넷 검색은 그야말로 단편적인 지식이고 유튜브는 요약본에 불과하다.

해리포터를 책으로 읽은 사람과 해리포터 요약본을 유튜브에서 본 사람이 있다고 하자. 일상적인 대화를 할 때는 책으로 읽은 사람과 유튜브 요약본을 본 사람 간에 별 차이가 없다. 이야기를 잘하는 사람이라면, 유튜브만 봐도 책을 읽은 사람보다 훨씬 더 해리포터에 대해 잘 말할 수 있다.

그러나 해리포터에 관한 시험을 친다고 하면 이야기가 달라진다. 해리포터의 주요 사항에 대해 시험을 친다고 하면, 유튜브만 본 사람이 책을 읽은 사람보다 높은 점수를 받을 수 없다.

투자는 혼자서 하는 게 아니다. 흔히 주식을 주식 사이트나 앱에서 자기 혼자 사고파는 것으로 생각하지만, 사실은 무수히 많은 상대와 함께 하는 게임이다. 이 게임에서 다른 사람보다 앞서가기 위해서는 다른 사람들보다 나은 점이 있어야 한다. 아무도 주식 투자에 대한 공부를 하지 않는데 나만 유튜브로 주식 공부를 한다면, 높은 수익을 올릴 수 있다. 하지만 유튜브로 주식 공부를 한 사람이 책으로 공부한 사람과 경쟁한다면 책으로 공부한 사람이 높은 점수를 받는다. 투자의 세계에서 높은 점수는 수익이고 낮은 점수는 손실이다.

그런데 투자에 대한 책을 읽다보면 한 가지 함정에 빠지기 쉽다. 이제 충분히 읽었으니 더 읽지 않아도 된다는 함정이다. 몇 권을 읽고서 이제 충분하다고 생각하는 사람이 있고, 몇십 권을 읽고 이제 됐다고 생각하는 사람이 있다. 100권을 읽은 다음에는 이제 알 만큼 다 알았다고 생각하기도 한다.

변하지 않는 고정된 대상을 연구하는 것이라면 관련 도

서 100권만 읽어도, 충분히 파악했다고 말할 수도 있다. 그러나 투자 환경은 계속해서 변화한다. 무엇보다 투자의 대상인 기업의 실적이 계속 달라진다. 새로운 제품이 쏟아지고 새로운 투자 상품이 출시된다. 때문에 책 읽기는 계속 해야 한다. 투자계에 몸을 담고 있는 이상, 끝없이 계속해야 하는 일이다. 일년에 적어도 십여 권씩은 계속해서 읽어 나가야 투자 환경의 변화에 적응해 나갈 수 있다.

좋은 주식 오랫동안 들고 있기

투자 성공 비법에 대해 많은 사람이 공통적으로 하는 이야기가 있다. '좋은 주식을 오랫동안 가지고 있기'다. 세계 최고의 투자자 워렌 버핏이 사용한 방법이기도 하다. 거시경제학 창시자이자 투자자로도 크게 성공한 케인즈도 이것이 투자에서 성공하기 위한 유일한 법칙이라고 했다.

최근 한국에서 투자에 대해 다룬 많은 책과 유튜버들도 '좋은 주식 오래 들고 있기'를 거의 복음처럼 이야기한다. 나는 이 말에 동의한다. 좋은 주식을 오래 들고 있으면 큰 수익을 얻을 수 있다는 것은 나의 투자 경험과도 일치한다. 비트코인, 해외 주식, 그리고 부동산도 장기간 가지고 있어서 큰 수익이 난 경우였다. 그사이 단기 거래도 많이 했지만 큰 수익이 나진 않았다.

그렇지만 정말로 '좋은 주식, 좋은 투자 대상 오래 들고 있기'가 투자에 성공하기 위한 비법이냐고 물으면 좀 회의적이다. 이건 '공부를 열심히 하면 좋은 대학에 갈 수 있다', '칼로리 적은 음식을 먹고 운동을 많이 하면 살을 뺄 수 있다'라고 하는 것과 같은 말이다. 누구나 아는 사실이지만 이걸 제대로 실천하기란 쉽지 않다. 마찬가지로 좋은 주식을 오래 들고 있는 것도 말은 쉽지만, 실천하는 건 굉장히 어려운 일이다.

일단 가장 큰 문제는 '좋은 주식', '좋은 투자 대상'이 무엇이냐는 것이다. 유명한 기업이 좋은 주식인가? 1등 기업이 좋은 기업인가? 4차 산업혁명을 선도하는 기업이 좋은 기업인가? 크게 성장하는 기업이 좋은 기업인가? 그리고 무엇보다, 좋은 기업의 주식이 정말로 좋은 주식인가?

흔히 삼성전자 주식이 좋은 주식이라고 한다. 20년 전에 삼성전자를 샀으면 지금 엄청난 수익을 얻었을 거라고 한다. 삼성이 세계적인 기업이고 한국에서 1등 기업인 것은 맞다. 그러면 20년 전에도 삼성전자가 세계적 기업이고 한국에서 1등 기업이었나? 2000년의 삼성전자는 한국에서도 1등 기업이 아니었다. 더구나 1997년 IMF 사태 이후 삼성 자동차가 크게 어려워지면서 삼성과 계열사는 이러다 망할지도 모를 위험에 빠졌었다. 당시 좋은 주식을 구입한다면, 삼성전자는 1순위에 들 수 없었다. 현재 1등인 것을 보고 왜 그때 사지 못했느냐고 후회하면 곤란하다.

나는 처음 주식 투자를 할 때부터 좋은 주식을 사려고 했다. 그런데 뭐가 좋은 주식인지 도무지 알 수가 없었다. 유명한 기업, 이름 있는 기업, 모두가 좋다고 인정하는 기업 주식을 사기도 했다. 하지만 기업이 유망하다고 해서 주식이 오르지는 않았다. 이익이 급증하는 기업의 주가를 산 적도 있다. 그런데 이익이 급증하고 주가가 오르자마자 많은 기업이 유상증자를 했고, 얼마 지나지 않아 주가가 떨어졌다. 기업은 좋다고 투자 수익이 나는 건 아니었다. 좋은 기업과 좋은 주식은 완전히 다른 이야기였다.

저 PER, 저 PBR 등의 지표를 보고 저평가된 좋은 기업을 찾으려고도 했다. 이런 주식들에서는 수익이 나기는 났다. 하지만 수익률은 그리 좋지 않았다. 은행 이자보다 높은 수익률이 목적이라면 모를까, 큰 수익을 기대할 수는 없었다.

투자 대상이 좋은지 아닌지는 사람에 따라 판단 기준이 다르다. 나는 공급이 제한되어 있고, 수요는 점점 증가하는 비트코인이 더할 나위 없는 좋은 투자처라고 생각한다. 하지만 많은 사람이 비트코인을 허상이라고 본다. 비트코인에 투자하는 사람 역시 비트코인이 장기적으로 좋은 투자 대상이라고 해서 투자하는 것이 아니다. 지금 당장 비트코인이 오르니 그 수익을 얻기 위해서 투자할 뿐이다. 정말로 비트코인을 좋은 투자 대상이라고 생각하고, 앞으로도 계속 오를 것이라고 믿는 사람은 극소수다.

지금 나는 매출, 이익이 연 20% 이상 계속 증가하고, 몇 년간 추세선이 장기적으로 오르는 주식들을 좋은 주식으로 생각하고 포트폴리오를 구성하고 있다. 하지만 누군가 지금 사서 10년 이상 그대로 둘 주식을 추천해 달라고 하면 할 말이 없다. 이 기업들의 주식이 앞으로 몇 년 이내에 오를 것이라고 예상하긴 한다. 하지만 '앞으로 10년 후까지 좋을 것인가?' 라고 물어보면 그에 대한 자신은 없다. 고성장 기업은 위험하다. 언제 어떻게 거꾸러질지 모른다. 당장 몇 년은 좋겠지만, 10년 후는 장담할 수 없다. 매출과 이익은 언제든지 떨어질 수 있고, 주가 추세선도 장기적 하락으로 바뀔 수 있다. 그러면 나는 이 기업들의 주식을 미련없이 팔아야 한다.

결국 좋은 주식은 자기에게 높은 수익을 안겨주는 주식이다. 아무리 투자 대상이 좋아도, 내가 큰 손실을 입었다면 좋은 투자처가 아니다. 나에게는 비트코인이 굉장히 좋은 투자 대상이었고, 지금도 그렇다. 그런데 2017년 비트코인이 2,000만 원이 넘었을 때 비트코인을 처음 구매한 사람들, 그리고 2021년 비트코인이 8,000만 원이 넘었을 때 비트코인을 구입한 사람들에게 비트코인은 최악의 투자처일 뿐이다.

　사람마다 투자 방법과 시각이 다르다. 고려하는 투자 기간도 다르다. 거기에 따라서 좋은 주식을 평가하는 기준도 달라진다. 포커나 홀덤을 할 때, 같은 카드라도 베팅하는 액수, 베팅하는 방법이 다 다르다. 포카드를 들고 있다 하더라도 자신의 게임 운영 방법에 따라 수익금은 항상 다르게 나타난다. 심지어 포카드를 들고 있어도 상대방에게 지고 손해를 보는 경우도 나타난다. 카드가 중요한 게 아니라 베팅 액수, 방법, 표정 등 개인의 대처 방안이 더 중요한 것이다.

　좋은 주식도 마찬가지다. 어떤 주식이 좋은 주식인지 정해진 것은 없다. 자기에게 큰 수익을 안겨준 투자처가 좋은 투자 대상이다. 이건 누가 대신 정해줄 수 없다. 자기 스스로 찾아야 한다. 자신의 투자 철학, 투자 방법, 투자를 생각하는 기간 등에 적합한 투자 대상을 스스로 찾아낼 수밖에 없다. 이는 절대 쉽지 않다. 나는 아직도 좋은 주식이 어떤 것인지 찾고 있다. 10년 넘게 찾았지만 아직도 확실치 않다. 지금 포트폴리오가 제대로 성공하면, 그제서야 나에게 좋은 주식을 찾았다고 말할 수 있을 것이다. 좋은 주식을 찾는 것은 장기간 끊임없이 해야 하는 일이다.

다시, 존버만이 답이다

투자에서 큰 수익을 올리기 위해서는 오래 들고 있어야 한다. 한국에서 다른 투자 자산보다 부동산으로 부자가 된 사람이 많은 것도 이 때문이다. 부동산, 특히 자기가 사는 집은 거의 팔지 않는다. 팔지 않고 계속 가지고 있다 보니 집값이 올라 부자가 된다. 하지만 부동산 이외에 다른 투자 상품은 팔기 쉽다. 10% 오르고, 50% 오르고, 두 배씩 오르면 팔아야겠다는 유혹을 느낀다. 이때 팔아도 이익은 얻는다. 하지만 부자가 되기는 힘들다. 몇십 억 원 이상의 수익을 얻기 위해서는 오래 버틸 수 있어야 한다.

그런데 집 말고 다른 투자 상품을 오래 들고 있는 것은 정말 어렵다. 많은 사람이 마음을 다잡으면 누구나 투자 상품을 오래 보유할 수 있다고 생각한다. 실제로는 그렇지 않다. 주가가 평탄하게 움직이면, 등락이 있다 하더라도 10~20% 오르내릴 경우 '기다리지' 하면서 버틸 수 있다. 하지만 50% 정도 폭락할 때, 또는 갑자기 50% 이상 폭등할 때 그냥 내버려 두는 것은 절대 쉽지 않다. 더구나 내가 가진 종목만 떨어지는 것이 아니라 시장 전체가 붕괴돼 모든 종목이 폭락하는 상황에서 버틴다는 것은 정말 어렵다. 이런 폭락은 몇 년에 한 번 발생한다. 평소에는 묻어 두고 잘 지낼 수 있지만, 몇 년에 한 번씩 발생하는 대폭락기를 넘기기란 쉽지 않다.

주식이 폭락하면 싼 값에 좋은 주식을 더 구할 수 있으니 좋은 기회가 아닐까? 조금 폭락하면 그렇다. 좋은 주식이 평소에 절대 볼 수 없는 가격으로 떨어지니 돈을 구해서라도 더 사들인다. 그런데 시장 전체가 대폭락을 하면 상황이 다르다. 경제가 망하고 기업이 언제 부도 날지 모른다. 가만히 있으면 모든 투자금을 다 잃는다. 조금이라도 건지기 위해서는 지금 폭락한 가격에서라도 팔아야 한다. 이런 상황에서 팔지 않고 계속 들고 있는 것은 엄청난 스트레스다.

2020년 봄, 나는 평소 3만 원 하던 강원랜드 주식이 2만 원까지 떨어지자 이건 일생일대의 기회라고 생각했다. 강원랜드 주식이 2만 원까지 떨어질 거라고는 상상도 해본 적이 없다. 석유 가격이 갤런당 20달러 이하로 떨어지는 것을 볼 때도 이건 엄청난 기회라고 생각했다. 1년 이내에 두 배 이상의 수익을 얻을 수 있는 절호의 찬스였다.

그런데 강원랜드 주식이 1만 5천원까지 떨어지자, 이게 기회라는 생각이 모두 사라졌다. 지금이라도 팔고 나와야 하는 게 아닌가 고민했다. 석유 가격이 10달러 이하로 떨어지면 더 큰 기회가 왔다고 생각해야 한다. 하지만 그렇게 되지 않는다. 시장 붕괴는 괜히 벌어지는 게 아니다. 평소의 상식과 생각이 모두 뒤틀리기 때문에 시장이 무너지는 것이다.

이때 계속 들고 있는 것은 정답이 될 수 없다. 지금 돌이켜보면, 강원랜드 주식은 그냥 들고 있어야 했지만, 석유는 이후 마이너스 가격까지 떨어지면서 파생 상품을 가지고 있던 사람 중에서 모든 투자금을 날린 사람도 많았다.

대폭락기뿐만 아니라 폭등기도 마찬가지다. 폭등기에는 큰 이익이 나니 주식을 팔지 않고 오래 들고 있는 것이 쉽다고 생각할 수 있다. 그런데 주식을 팔지 않고 계속 들고 있기가 더 어려운 것은 폭등기이다. 행복한 고민이 아니라, 거의 절망에 빠져 고민한다.

비트코인을 8년 동안 들고 있으면서 수많은 폭락기를 거쳤다. 8년 사이에 반타작 난 경우가 못해도 세 번은 된다. 20%, 30% 정도 폭락한 일은 워낙 많아서 별 감흥이 없을 정도이다.

이렇게 폭락을 많이 겪었지만, 나의 비트코인 투자에서 가장 어려웠던 순간은 두 번의 폭등기였다. 2017년 100만 원이던 비트코인이 2,000만 원 넘게 올랐다. 그리고 2020년 말부터 2021년에는 1,000만 원이던 비트코인이 8,000만 원까지 치솟았다. 이때가 비트코인을 팔아야 하나 말아야 하나를 두고 가장 많이 고민했던 시기다. 실제 비트코인의 일부를 팔기도 했다. 반타작을 몇 번 겪으면서도 팔지 않았지만, 이런 폭등기에 그냥 들고 있는 것은 정말 어려웠다.

폭등기가 버티기 어려운 것은 그냥 들고 있을 때 예상되는 손실이 폭락기보다 훨씬 크기 때문이다. 100만 원이었던 비트코인이 2,000만 원이 되었다. 불과 몇 개월 사이에 20배가 된 셈이다. 이렇게 오르면 반드시 반동이 나온다. 반동의 크기가 어느 정도일지 판단하기 어렵지만 적어도 20~30% 이상 떨어진 것이다. 2,000만 원에서 20%가 떨어지면 400만 원이 떨어지는 것이다. 지금 팔면 2,000만 원이지만, 좀 지나면 1,600만 원이 된다. 계속 보유했을 때 예상 손실이 400만 원이다. 100만 원에서 폭락해도 50만 원 손실인데, 폭등을 했다가 조정당하면 예상 손실이 몇백만 원으로 커진다. 몇백만 원 손실이라 하더라도 진짜 손실이 아니라 이익이 줄어드는 것뿐인데 별문제 아니지 않느냐고? 투자를 하지 않는 사람들은 이렇게 말하곤 한다. 그러나 투자를 하는 사람 중에 이렇게 말하는 사람은 없을것이다. 이건 월급으로 300만 원 받기로 했는데 막상 200만 원만 주었을 때, 어쨌든 200만 원의 수익이 있으니 괜찮다고 말하는 것과 같다. 샐러리맨이 이런 걸 결코 용납할 수 없듯이, 투자자도 수익이 줄어드는 것은 참기 어렵다.

이런 시장 대격변기만 없으면 투자는 할만하다. 투자의 격언대로 오래 들고 있을 수 있다. 그런데 이런 시장 대격변기가 몇 년에 한 번씩 꼭 발생한다는 게 문제다. 시장 붕괴 상황은 10년에 한두 번은 꼭 발생한다. 비트코인은 그 빈도가 훨씬 잦다. 투자를 하고서 2~3년 들고 있었다고 본인이 '오래 들고 있기'를 잘 실천한다고 생각하면 오산이다. 평소라면 누구나 오래 들고 있을 수 있다. 문제는 시장 격동기, 즉 시장 대폭락이나 대폭등기다. 이때 팔지 않고 그냥 계속 들고 있는 것은 정말 어렵다.

그동안 이런 저런 투자를 하면서 나 자신에게 잘했다고 이야기할 수 있는 게 비트코인과 주식을 오래 가지고 있었다는 것이다. 비트코인이 50만 원대일 때 샀다는 것과 미국의 유망 주식을 샀다는 것 자체는 사실 별 의미가 없다. 50만 원일 때 비트코인을 산 사람은 굉장히 많았다. 그리고 비트코인 가격이 앞으로 많이 오를 것이라고 믿은 사람도 많았다.

『비트코인 1억 간다』라는 책이 나온 것은 2018년이다. 이 책은 출간 직후부터 베스트셀러였다. 비트코인이 1억까지 갈 수 있다는 인식이 많이 퍼져 있었다. 1억 원까지는 아니더라도 비트코인이 앞으로 오를 거라고, 그러니 비트코인을 사라고 한 사람도 무수히 많았다. 그러나 이런 사람 중에 정말로 비트코인을 사서 아직까지 가지고 있는 사람은 거의 없다. 믿음은 있지만, 오래 들고 있지 못한 것이다.

2014년 넷플릭스 주식을 사고, 2020년 스퀘어 주식을 산 사람도 무수히 많았다. 그러나 막상 여기에서 몇 배의 수익을 올린 사람은 그리 많지 않다. 앞으로 많이 오를 좋은 주식을 샀다는 것과 수익을 올리는 것은 별 상관없는 이야기이다. 아무리 좋은 주식을 샀어도 두 배 올랐을 때 팔면, 수익은 거기까지다. 정말로 투자에서 필요한 것은 '오래 들고 있는 것'이라 할 수 있다.

나를 믿지 말고 주식을 믿어라

투자에서 큰 성공을 하기 위해서는 오래 들고 있어야 한다. '이 주식을 오래 들고 있어야지'라고 결심한다고 해서 오래 들고 있을 수 있는 건 아니다. 주가, 비트코인 등이 계속 등락하는 상황에서 버티는 게 중요하다. 하지만 그보다 더 근본적인 건 자기가 보유한 투자 상품이 앞으로 계속 오를 것이라는 확신이다. 확신이 있을 때 버틸 수 있는 것이지, 아무런 확신이 없는 상태에서 출렁이는 비트코인과 주식시장을 버틴다는 것은 말이 안 된다. 앞으로 오를 거라는 확신이 없는데도 오래 들고 있어야 좋다는 말에 팔지 않고 계속 들고 있는 것은 그냥 오기일 뿐이다. 먼저 확신이 있어야 하고, 그다음에 오래 버틸 수 있는 힘이 있어야 한다.

　주식을 무조건 들고 있다고 큰 수익이 나는 건 아니다. 좋은 주식을 오래 들고 있어야 큰 수익을 올릴 수 있다. 좋은 주식이라는 말에도 한 가지 부가 조건이 붙는다. 지금 좋은 주식이 아니라, 미래에도 우량한 주식이어야 한다. 지금 우량하고 잘나가는 기업을 찾는 것도 어렵지 않다. 하지만 지금 잘나가고 좋은 주식이 있다고 수익을 얻을 수 있는 게 아니다. 앞으로의 성장 가능성이 뛰어난 주식을 보유해야 한다. 이런 기업을 찾아서, 오래 가지고 있는 것은 정말 어렵다.

　나는 분명 장기 투자로 큰 수익을 얻었다. 그렇다고 내가 원래 장기 투자를 잘하는 사람이냐고 하면 절대 그렇지 않다. 국내 주식 중에서 8년 동안 갖고 있는 주식은 하나도 없다. 아니 사실 최근 1년 동안 계속 보유한 국내 주식도 없다.

　해외 주식은 2014년부터 시작했다. 이때 구입한 미국 주식과 중국 주식을 모두 합하면 열 종목이 넘는다. 많은 전문가가 추천한 좋은 기업이었고, 아는 사람은 다 아는 유명 기업들이었다. 이 중에서 지난 6년 동안 계속 들고 있는 주식은 단 두 개뿐이다. 미국 넷플릭스와 중국 마오타이다. 그리고 마오타이는 처음에 사서 지금까지 계속 들고 있는 것이 아니라 중간에 한 번 팔았다가 다시 샀다.

　비트코인은 8년 동안 계속 들고 있었지만, 다른 가상 화폐는 오래 버티지 못했다. 2017년 중반, 이더리움도 하나에 30만원일 때 사서 60개 가지고 있었다. 2017년 말 가상 화폐 폭등기에 이더리움은 200만 원을 웃도는 수준으로 올랐고, 여기에서 1억이 넘는 큰 수익이 났다. 그런데 2018년 이더리움 값이 폭락했다. 결국 2019년경에 손실을 보고 이더리움을 팔았다. 그게 지금 300만 원이 넘는다. 계속 들고 있었으면 2억 원 이상의 수익을 보고 있었을 것이다.

비트코인도 오래 들고 있으려 했지만 그러지 못했다. 단순히 기업 주가만 떨어진다면 계속 들고 있을 수 있다. 그런데 기업의 매출과 이익이 몇 년간 정체 상태이고 주가도 그대로인데 어떻게 계속 들고 있나. 이더리움을 찾는 사람이 거의 없으면서 생산량은 한정 없이 계속 늘기만 하는데 그걸 어떻게 가지고 있나? 그때 내가 판 종목들을 돌아보면, 그 이후 크게 오른 종목도 있지만 팔기를 잘했다는 종목이 더 많다. 애플이나 이더리움을 판 것은 굉장히 아쉽다. 하지만 나머지 종목들은 잘 팔고 나왔다. 그때 이후로 계속 떨어진 기업도 많고, 계속 들고 있었던 것보다 갈아탄 게 훨씬 더 수익이 좋았다. 무작정 장기 투자하지 않은 것은 제대로 된 판단이었다.

주식을 계속 들고 있으려면 끊임없이 기업 상황을 살펴야 한다. 그 기업이 망해가는지, 정체되어 있는지 알지 못하는 상태에서 오래 들고 있다고 해서 큰 수익이 나는 건 아니다. 그 기업이 계속 좋은 기업이라는 것을 확신하기 위해서는 해당 기업을 주시해야 한다. 물론 그냥 오래 들고 있기만 해서 성공하는 경우도 있다. 정말 운 좋게 기업을 잘 찍은 경우다. 하지만 한 기업이 20년 이상 일류로 남는 것은 어렵기에 대부분 결국에는 실패한다. 그 때문에 20년 동안 주식을 들고 있다고 해서 큰 수익이 생기지는 않는다.

비트코인도 마찬가지다. 사놓고 오래 버티면 된다고 하지만, 그게 쉬운 일이 아니다. 앞으로 계속해서 오른다는 확신이 있어야 오래 버틸 수 있다. 처음 살 때 비트코인이 1억 원까지 갈 수 있다고 생각하지 않았느냐고? 처음에 1억 원까지 갈 수 있다고 생각했으니, 그 후에도 계속 팔지 않고 버틸 수 있지 않았냐고? 그렇게 간단할 리가 없다. 여러분이 몇 년 전에 판단하고 결심한 것 중에서 지금까지 그 판단과 결심을 유지하는 게 얼마나 되나? 대부분은 과거에 어떻게 판단하고 결심했는지 잊어버린다. 처음에 살 때 1억 원까지 갈 거라고 생각했다고 해도, 몇 년이 지나면 처음에 어떤 생각으로 샀는지조차 잊어버린다. 3년 전에 산 주식의 원래 목표 수익률을 기억하는 사람은 거의 없다. 큰 수익이 나면 처음에 정한 목표 가격을 잊어버리고 팔아 버리는 게 일반적이다. 무엇보다 몇 년 전 결심이 살아가는 데 계속해서 영향을 미칠 거라 생각하는 것은 비현실적이다. 사람의 결심이라는 게 그렇게 굳건하지 않다.

내가 오랫동안 비트코인을 들고 있을 수 있었던 이유는, 비트코인이 1억 원을 훨씬 웃도는 가격까지 올라갈 것이라고 확신했기 때문이다. 처음 비트코인에 대해 알게 된 것은 『넥스트 머니 비트코인』 책 덕분이었다. 그 이후로 계속해서 비트코인 관련 도서를 읽고, 그 내용을 바탕으로 앞으로의 전망을 예측해봤더니 비트코인은 계속 오를 수 있다,라는 결론이 나왔다.

2014년에 비트코인이 1억 원이 넘을 수 있다고 생각하고, 그때부터 지금까지 그 생각을 흔들림 없이 고수했던 건 아니다. 8년 전에 어떻게 생각했는지 기억하고 있을 리도 없다. 하지만 나는 그동안 비트코인 책이 나오면 빠짐없이 구해서 읽었다. 1년에 비트코인 책이 두 권 나오면, 1년에 두 번 '역시 비트코인은 1억 원은 넘겠구나'라고 생각했다. 그러면서 투자 원칙에 대한 확신도 강해졌다.

한 번의 판단과 결심만으로 투자에 성공할 수 있다고 생각해서는 곤란하다. 계속해서 정보를 찾고 책을 보고 공부를 해야 한다. 그래야 확신이 생긴다. 그렇지 않으면 최초의 확신이 지속되기 힘들다.

시장이 대폭락하는 격변기에도 앞으로 비트코인이 오른다는 믿음이 있어야 한다. 사실 이런 확신을 가진다는 것은 어렵다. 나 자신을 믿는 것도 어려운데 잘 알지도 못하는 회사를 어떻게 믿을 수 있겠나. 한번도 실물을 본 적 없는 비트코인에 대해 어떤 확신을 가질 수 있겠나. 그런데도 투자 대상에 대해 확신을 얻으려면 계속 투자 대상에 대한 공부를 이어가야 한다. 계속되는 공부, 그로 인한 지속적인 확신, 그게 있어야만 좋은 주식을 오래 들고 있기가 가능하다.

주식을 잘 안다고 돈을 버는 건 아니다

자기가 투자하는 대상에 대해 얼마나 알아야 하는가에 대해서는 두 가지 입장이 있다. 하나는 투자 대상에 대해 완벽하게 알고 나서 투자해야 한다는 입장이다. 투자는 자기 돈을 집어넣는 행위이다. 자기가 잘 아는 일에 투자해야지, 모르는 것에 돈을 집어넣어서는 안 된다. 다른 하나는 투자 대상에 대한 지식이 그리 중요하지 않다고 보는 입장이다. 투자의 목적은 어디까지나 수익을 얻는 것이다. 기업을 직접 운영하거나 제품을 만들어내는 것이라면 정말로 많이 알아야 한다. 그 분야의 전문 지식이 있어야만 한다. 그러나 투자는 일정 수익만 얻으면 된다. 가격이 오를지 여부만 파악하면 되는 것이지, 그 분야에 대한 전문 지식을 전부 알 필요는 없다.

나는 투자 대상을 완벽하게 알고서 투자해야 한다는 의견에 반대한다. 투자자는 해당 산업이나 기업의 외부인에 불과하다. 아무리 공부하고 노력해도 내부자만큼의 지식을 얻을 수 없다. 자기가 일하는 분야, 근무하는 기업에 직접 투자하지 않는 한, 제대로 된 지식을 갖고 투자하는 건 불가능하다.

모든 것을 알고 나서 투자하려면, 결국 자기가 아는 몇몇 분야에만 투자할 수 있을 뿐이다. 작은 수익을 얻을 수는 있겠지만 큰 수익은 얻기 힘들다. 큰 수익은 보통 새로운 산업과 기업에서 나온다. 이런 분야는 기존에 정립된 지식이 거의 없다. 그런데 많은 것을 알아야만 투자한다면, 수많은 투자 기회를 놓칠 수밖에 없다. 완벽하게 알아야 한다는 것은 진리를 탐구하는 사람에게는 바람직한 자세이다. 하지만 투자자로서는 스스로 한계를 정하는 일이다. 잘 몰라도 투자할 수 있어야 한다.

필자도 뭘 제대로 알고 투자에 뛰어든 건 아니었다. 비트코인은 수요와 공급에 대한 것만 알고 투자했다. 블록체인이 뭔지, 비트코인이 정확히 어떻게 만들어지는지는 지금도 잘 모른다. 무언가를 오랫동안 계산하면 그에 대한 보상으로 비트코인을 준다는데, 그게 무얼 의미하는 건지 도무지 이해하지 못했다. 난 비트코인에 대해 잘 알지 못한다. 단지 수요와 공급 측면에서만 예상할 뿐이다.

　　나는 2014년에 미국 주식 넷플릭스를 샀다. 이때는 넷플릭스가 뭔지 몰랐다. 지금은 한국에도 넷플릭스가 진출해서 많은 사람이 이용하고 있지만, 2014년에는 미국에 넷플릭스라는 혁신적인 기업이 있다더라 하는 수준이었다. 많은 미국 주식책이 공통적으로 추천하는 종목 가운데 괜찮아 보이는 종목을 골랐을 뿐이다.

　　2016년, 넷플릭스가 한국에 진출하고 직접 넷플릭스 서비스를 사용해 보고 나서야 넷플릭스가 어떤 기업인지, 다른 기업과 뭐가 다른지 알 수 있었다. 그런데 이때는 이미 넷플릭스 주식이 2014년 이후 약 두 배나 올랐을 때였다. 넷플릭스를 제대로 안 다음에 투자했다면, 큰 수익을 올릴 수 없었을 것이다.

　　2020년 초, 미국 주식 포트폴리오를 다시 조정할 때 새로 추가한 종목에는 스퀘어가 있다. 이때는 매출, 이익이 연 20% 이상 계속 오르고 추세 그래프가 상승하는 종목을 고를 때였다. 스퀘어는 매출이 급증하는 기업이었다. 그런데 이익은커녕 적자를 내고 있었다. 나는 적자가 나는 기업은 투자 대상에서 제외한다. 스퀘어는 적자이기는 적자인데, 적자 폭이 계속해서 큰 폭으로 줄어들고 있었다. 이대로라면 다음에는 흑자로 전환되는 추세였다. 현재 적자이긴 하지만, 어쨌든 이익 수준이 크게 오르고 있었다. 이는 내 투자 기준에 맞다고 보았고, 그래서 스퀘어를 샀다. 스퀘어는 새로운 결제 시스템을 제공하는 회사라고 했다. 스퀘어의 사업에 대해 안 건 이것뿐이었다. '새로운 결제 시스템을 제공하는 회사'라는 것. 뭐가 새로운 건지, 정확히 어떻게 결제하는지, 어떻게 사용되는지 알지 못했다. 스퀘어는 한국에서 제공되지 않는 서비스였기 때문에, 사실 알 수도 없었다. 홈페이지에 들어가 보지도 않았다. 단지 당시 내 투자 기준에 맞았기 때문에 샀다. 그런데 이 스퀘어가 지난 1년 사이 세 배 이상 올랐다. 내가 보유한 주식 중에서 1년 사이에 최고 수익률을 보인 것이 스퀘어다.

스퀘어가 온라인 결제 시스템에서 최고의 혁신 기업으로 꼽힌다는 것, 비트코인을 엄청나게 보유한 기업이라는 것 등은 그 후에 알았다. 2020년 하반기 비트코인이 폭등을 할 때 스퀘어도 폭등을 했는데, '스퀘어가 도대체 왜 이렇게 오르지'라고 찾아보면서 스퀘어가 비트코인에 본격적으로 투자하는 회사라는 것을 알게 됐다.

미국 주식을 찾으면서 도큐사인이라는 회사의 실적이 눈길을 끌었다. 수년간 매출이 급증하고 있었다. 이익은 아직 적자지만, 적자 폭도 줄고 있다. 스퀘어를 살 때, 이 도큐사인도 잠깐 고민했다. 하지만 바로 도큐사인은 제외했다. 도큐사인이 일본 회사인 줄 알았다. 일본 회사이면서 미국에 상장한 기업인 줄 알았다. 그렇게 생각한 이유는 간단했다. '도큐'를 일본어로 보았기 때문이다. 도큐 호텔 등 일본에는 도큐로 시작하는 것을 어렵지 않게 찾아볼 수 있다. 난 다른 나라 회사이면서 미국 주식시장에 상장한 것은 사지 않는다. 도큐사인도 자연스레 포트폴리오에서 제외했다.

도큐사인의 도큐가 일본어 도큐가 아니라 도큐먼트(document)라는 것을 안 것은 불과 한 달 전이다. 도큐사인은 문서 보안과 관련된 회사였고, 그래서 회사 이름에 도큐가 들어간 거였다. 도큐사인이 일본 회사가 아니라 미국 회사라면 이야기가 달라진다. 다음 포트폴리오 조정 때는 도큐사인을 다시 살 것이다.

내가 투자 결정을 내렸던 몇몇 사례를 소개했다. 내가 뭘 알고 투자한 걸까? 비트코인이 뭔지 모르고, 넷플릭스 서비스가 뭔지 모르고, 스퀘어가 어떤 사업을 하는지도 잘 모르고 이들을 샀다. 대표적인 혁신 기업으로 언급되는 도큐사인을 일본 기업인 줄 알고 투자 대상에서 제외했다. 아는 사람은 알 거다. 나는 투자의 기본 지식도 갖추지 못했다. 투자할지 아닐지를 조사하면서 그 기업의 사업 모델도 잘 모르고, 무엇보다 해당 기업의 홈페이지에도 들어가 보지 않았다.

이런 식으로 투자를 했어도 수익이 났다. 비트코인은 말할 것도 없고, 넷플릭스는 지난 5년여 동안 최고의 수익률을 안겨준 종목이다. 스퀘어는 지난 1년간 최고의 수익률을 기록했다. 다른 종목도 비슷하다. 아마존, 구글, 페이스북이야 어떤 기업인지, 어떤 일을 하는지 다른 사람들도 잘 알 수 있지만, 여타 기업들은 잘 알 수가 없다. 결국 잘 알지 못하는 상태에서 미국 주식을 잇따라 사고 있다.

투자에서 중요한 것은 지식 자체가 아니다. 그보다는 어떤 상품을, 왜, 어떤 기준으로 사고파느냐이다. 그 명확한 기준에 따라 사고판다면 장기적으로 수익을 올릴 수 있다. 처음에는 기준이 잘못되었다 하더라도, 계속해서 보완하고 수정해 나간다면 결국 수익을 얻을 수 있는 원칙을 마련할 수 있다. 중요한 것은 정말로 그 기준에 따라 투자를 하느냐 마느냐이다.

투자에서 지식이 중요하다고 하면, 그 지식은 투자 대상과 기업에 대한 지식이 아니다. 투자 방법, 투자 기준에 대한 지식이다. 투자 대상, 투자 기업에 대해 많이 알고 모르고는 투자 수익에 별 영향을 주지 못한다. 투자 수익에 영향을 미치는 것은 투자 방법과 투자 기준에 대한 지식이다. 그리고 그 기준에 따른 실제 투자 행위다.

일단 망하지 않는 게 중요하다

우리가 운전을 하기 전에 가장 먼저 배우는 것은 신호등, 교통 신호 같은 것이다. 먼저 필기 시험에서 이런 것들을 통과한 다음에 실기 시험을 치른다. 멋있게 드래프트 하기, 엔진 최고 속도로 달리기 등은 운전을 제대로 할 수 있게 된 다음에야 배워야 한다.

　이런 식으로 운전을 배워야 하는 이유는 간단하다. 운전에서 제일 중요한 게 '사고내지 않는 것'이기 때문이다. 사고를 내지 않기 위한 교통 규칙을 먼저 배우고, 그다음에 운전을 한다. 다른 사람보다 운전을 잘하는 기술을 배우는 것은 나중 일이다.

투자도 마찬가지다. 투자에서 제일 중요한 것은 어떻게 하면 투자에서 망하지 않느냐이다. 투자에서 수익을 올리는 것은 투자에 대해서 어느 정도 안 다음에 생각해 볼 문제다. 그런데 투자에 관한 책과 유튜브 자료들은 기본적으로 어떻게 하면 투자에서 이익을 올릴 수 있는지를 주로 이야기한다. 완전 초보자 대상으로는 어떻게 투자를 하는지 그 방법부터 설명한다. 어떻게 주식 계좌를 만들고, 어떤 식으로 사고파는지를 이야기한다. 하지만 막상 투자에서 가장 중요한 것, 즉 어떻게 하면 망하지 않는지에 대해서는 이야기하지 않는다.

아무리 시속 200km로 자동차를 몰 수 있고, 드래프트 기술을 구사하는 자동차 전문가라 하더라도 기본적인 교통신호를 지키지 않으면 사고가 난다. 자동차 엔진에 대해서 잘 알고 운용할 수 있어도, 횡단보도를 무시하고 달리면 사고가 난다. 운전을 잘할 수 있는지에 대한 규칙이 아니다. 사고를 내지 않기 위한 규칙이다. 투자에서도 마찬가지다. 수익 내는 방법을 잘 알고 있어도 소용없다. 투자에서 망하지 않는 방법을 알고 제대로 지키지 않으면 사고를 낼 수밖에 없다.

교통사고를 내지 않기 위한 교통 법규는 무수히 많다. 하지만 투자에서 망하지 않는 규칙은 몇 개 안 된다. 필자가 보기에는 세 가지만 잘 지키면 된다. '망하는 기업 오래 들고 있지 않기', '한두 종목에 올인하지 않기', '빚내서 투자하지 않기'

다. 이 조건을 다 지킨다고 해서 수익이 나지는 않는다. 그러나 이와 같은 기본 규칙을 지키지 않으면 분명 망한다.

단순히 변동성으로 주가가 떨어질 때 물타기를 하고 오래 기다리는 건 괜찮다. 그런데 기업 실적이 점차 나빠지는데 물타기를 하고 오래 버티는 건 기업과 같이 망하는 길이다. 많은 투자가가 손실이 났을 때 그대로 방치한다.

주식 투자에서는 자기가 가진 주식의 가치가 0이 되어 완전히 망하는 일은 거의 발생하지 않는다. 망한 기업의 주식이 있는 경우에만 0이 된다. 상장 기업은 제대로 굴러가다가 어느 날 하루아침에 주가가 0으로 떨어지지 않는다. 그 전에 이미 매출이 줄고, 적자가 나고, 자금 상황이 나빠지는 상황이 몇 년간 이어지다가 결국 망한 것이다. 기업 부도로 큰 손실이 발생하는 것은, 결국 그런 주식을 오랫동안 가지고 있었다는 뜻이다. 이건 기업의 잘못으로 보기 힘들다. 명백히 투자자의 책임이다.

여러 종목에 분산 투자하는 것은 투자의 기본이다. 분산 투자라고 해서 몇십 종목, 몇백 종목을 투자하라는 이야기가 아니다. 포트폴리오 이론에서는 아무리 투자금이 많아도 20종목 정도면 충분하다고 말한다. 투자금이 그렇게 많지 않다면 5~6종목만 되어도 충분하다. 어쨌든 한두 종목에 올인하는 것만은 곤란하다. 분산 투자를 할 때 문제점은 수익률이 낮아진다는 점이다. 한 종목에 올인하면 엄청난 수익을 올릴 수 있었는데, 여러 종목에 나눠 투자하는 바람에 수익이 적어진다. 그런데 이건 '신호를 지키지 않았다면 훨씬 더 빨리 갈 수 있었는데'라고 아쉬워하는 것과 같다. 아쉽더라도 빨리 가기 위해서 신호를 위반하면 안 된다. 수익률이 적은 것을 아쉬워하더라도, 분산 투자 원칙을 어겨서는 안 된다.

가장 중요한 것은 투자하면서 빚을 내지 않는 것이다. 부동산 투자를 하면서 빚내는 건 괜찮다. 부동산과 같은 실물 투자에서는 오히려 빚내서 투자하는 것이 당연하고 필요한 투자 원칙이라고 할 수 있다. 하지만 금융 상품에 대해서는 빚을 내서 투자하면 안 된다. 주식, 파생 상품, 비트코인 같은 금융 상품을 빚내서 투자하면 반드시 사달이 난다.

빚내서 투자하지 말라고 하면, 은행에서 대출을 받아 투자하거나 지인에게 돈을 빌려서 투자하는 경우를 떠올린다. 물론 그렇게 투자할 때도 문제가 발생할 가능성이 크다. 가장 문제가 되는 것은 증권회사 돈으로 투자하는 것이다. 이런 신용거래는 개인이 자연스레 증권회사 돈으로 주식을 살 수 있게 만든다. 이때 실제로 엄청난 빚을 져가며 투자를 하면서도 자기가 빚으로 투자한다는 것을 모르는 경우가 있다. 증권거래에서 신용거래는 일상적인 것이니 자기도 하는 것이며, 대출을 받거나 다른 사람에게 꿔서 하는 것이 아니니 빚내서 투자하는 것이 아니라고 생각한다.

차라리 대출이나 다른 사람에게 빌린 돈이라면 갚는 시기를 조정할 수 있다. 하지만 신용거래는 주가가 일정 수준 아래로 내려가면 그냥 증권회사에서 주식을 팔아서 돈을 회수한다. 투자에서든 도박에서든 최악의 상황은 가진 돈을 몽땅 날리는 오링 상태이다. 오링만 되지 않으면 어떻게든 회복할 가능성이 있다. 최소한 손실을 줄일 가능성은 존재한다. 다른 방식으로 돈을 조달했으면 어떻게든 오링을 당하지 않을 수 있다. 하지만 증권회사에서 돈을 빌린 경우에는 손쓸 방법이 없다.

반대 매매를 당할 정도로 떨어지지 않을 주식을 안 사면 되지 않을까? 그런데 주식시장은 몇 년에 한 번씩 폭락하는 경우가 발생한다. 갑자기 몇십 퍼센트 떨어지는 경우가 최소 10년에 한 번은 반드시 발생한다. 몇 년 동안 잘 해왔어도, 한 번의 순간 모든 돈을 잃는다.

신호를 지키지 않고 운전을 한다고 해서 당장 사고가 나는 것은 아니다. 빨간불일 때 그냥 간다고 해서 무조건 사고가 나지는 않는다. 오히려 보통 때보다 빨리 가서 이롭기까지 하다. 마찬가지로 한두 종목에 올인하거나 빚을 내서 투자하면 그렇지 않을 때보다 더 큰 수익을 올릴 수 있다. 하지만 신호를 지키지 않고 운전하면 어느 순간에는 반드시 사고가 난

다. 모든 투자금을 잃게 되고, 오히려 빚더미에 올라설 수 있
다. 수익을 내는 것보다 망하지 않는 게 더 중요하다. '망하는
기업 오래 들고 있지 않기', '한두 종목에 올인하지 않기', '빚내
서 투자하지 않기', 이 세 가지만은 반드시 지켜야 한다.

돈은 언제든지 녹아 사라질 수 있다

축구를 한 번도 해보지 않은 아이가 처음 경기에 참여했는데, 상대 선수를 드리블로 제치고 슛을 성공시켰다. 이러면 축구 신동이라고 주목받고, 스카우트 제의도 받게 된다. 축구만이 아니라 다른 영역에서도 마찬가지이다. 처음 잡는 악기를 괜찮게 연주할 때, 처음 그리는데 선과 색이 잘 나올 때, 한 번도 해보지 않은 일을 처음부터 어느 정도 해낼 때 그 사람은 재능을 인정받는다.

그렇다면 도박은 어떨까? 어떤 사람이 카지노에 처음 갔는데 큰 돈을 땄다. 그러면 사람들이 이 사람은 도박에 선천적인 재능이 있다고 생각할까? 앞으로 카지노계의 신성이 될 수 있다고 인정받을까? 그렇지 않다. 카지노를 아는 사람들은 이 사람의 앞날을 이렇게 예측할 것이다. 처음 카지노에 왔는데 큰돈을 벌었다고 좋아하면서 앞으로 계속 카지노를 다니다가, 결국 모든 돈을 잃어버릴 거라고 말이다.

투자도 마찬가지다. 투자는 다른 분야보다는 도박에 가깝다. 투자도 초보자가 큰 수익을 올릴 수 있다. 생전 처음 투자를 했는데 큰 수익을 올릴 수 있다. 다른 분야와 달리 노력과 훈련 없이 성과를 낼 수 있다. 그런 점에서 투자는 완전히 도박과 같다. 투자에서 수익을 얻었다고 해서 그 사람의 실력이 뛰어난 것은 아니기 때문이다. 도박에서 아무렇게나 베팅해도 딸 수 있는 확률이 50%나 되는 것처럼, 투자에서도 아무렇게나 해도 수익을 얻을 확률은 50%이다.

투자는 처음에 수익을 올리기가 가장 쉽다. 그래서 많은 사람이 처음 시도한 투자에 성공하고 자기가 투자에 재능이 있고, 잘할 수 있는 일이라고 생각하는 경향이 있다. 하지만 투자를 잘하느냐 아니냐는 지금 당장 큰 이익을 냈느냐에 있지 않다. 그건 초보자도 할 수 있다. 투자를 잘한다는 것은 엄청난 손실을 피해가는 것, 그리고 꾸준한 수익을 내는 것이다. 투자를 점점 더 잘하게 되었다는 것은 점점 더 큰 수익을 올린다는 것을 의미하는 게 아니다. 투자를 오래 하면서도 망하지 않고, 계속해서 꾸준히 수익을 낼 때 성공적인 투자라 한다.

그럼 어느 정도 꾸준히 수익을 내야 진짜 실력 있는 투자가라 할 수 있을까? 1년 동안 꾸준히 투자하면서 수익을 내면 성공적인 투자가일까? 10년 동안 계속 투자 수익을 얻으면 어떨까? 다른 분야에서는 10년 동안 일정 성과를 내면 전문가 대접을 받는다. 다른 어느 누구도 그 사람의 실력에 대해 의심하지 않는다. 그리고 실제 이런 사람의 실력은 일정 수준 이상이고, 그 수준이 갑자기 떨어지지도 않는다. 10년 동안 피아노를 연주한 사람이 어느 날 갑자기 바이엘도 제대로 못 치는 일은 발생하지 않는다. 축구 선수가 프로 축구 세계에서 더 이상 잘한다는 평가를 받지 못하더라도, 동네에서 뛰면 최고 선수로 인정받는다. 아무리 실력이 떨어져도 일정 수준의 성과는 낼 수 있다는 뜻이다.

하지만 투자는 그렇지 않다. 투자 전문가가 된다 해도 성과가 보장되지 않는다. 오히려 엄청난 손실을 내는 것은 초보자가 아니라 투자 전문가들이다. 몇십 억, 몇백 억을 잃는 사람들은 그동안 투자계에서 경력을 쌓아온 사람들이다.

투자는 어느 한순간에 모든 걸 잃어버릴 수 있다. 그래서 투자는 계속해서 살얼음판을 걷는 것과 같다. 한 걸음 잘못 디디면 얼음이 깨져 강속으로 빠진다. 그동안 얼음 위를 걸어왔다는 것은 아무런 도움이 되지 못한다. 지금 내딛는 발에 의해 언제든지 얼음이 깨질 수 있기 때문이다. 살얼음판을 걷기 위해서는 걸음을 내딛을 때마다 계속해서 얼음을 확인해야 한다. 초보자든 전문가든, 한 걸음씩 조심스럽게 발을 내딛어야 하는 건 동일하다. 초보자나 전문가나 똑같은 것을 똑같이 살펴야 하는 것이고, 전문가가 되었다 해서 그냥 쉽게 지나갈 수 없다는 뜻이다.

투자는 운전과 비슷하다. 운전을 10년 이상 하고, 그동안 사고낸 적이 없다고 해서 기본 규칙을 지키지 않고 무시하면 안 된다. 그러면 반드시 사고가 난다. 지금 당장은 아니더라도, 규칙을 지키지 않고 계속 운전하면 언젠가는 사고를 낼 수밖에 없다.

투자에는 망하지 않기 위한 규칙이 있다. 분산 투자를 해야 하고, 지나치게 높은 이익을 바라서는 안 되고, 위험이 높은 상품은 피해야 하고, 망해가는 것에 빚을 내서까지 투자해서는 안 된다. 이런 건 교통 규칙과도 같다.

이런 규칙에 대해 전혀 모르고, 배우려고도 하지 않고 투자를 시작하는 사람은 보통 투자 사기의 대상이 된다. 원금이 보장되면서 몇십 퍼센트, 몇백 퍼센트의 이익을 얻을 수 있다는 광고에 넘어가는 건, 기본적인 규칙도 모르고 투자를 하기 때문이다. 투자를 처음하는 사람은 여기저기서 투자에 관한 정보를 얻으면서 이런 규칙을 익혀 나간다. 처음에는 이런 규칙을 지키려 한다. 그런데 투자를 오래 하면 할수록 기본 규칙을 어기게 된다. 빚을 내서 투자를 했다면 훨씬 더 투자 수익이 컸을 텐데 분산 투자 하지 말고 한 종목에만 올인했으면 더 큰돈을 벌었을 텐데라는 회한이 든다. 이런 규칙들을 지킨다고 나아지는 건 없고 수익률만 갉아먹을 뿐이다. 그러다 이런 규칙에서 벗어나 투자하기 시작한다. 교통신호를 지키지 않고 보다 빨리 가려 한다. 그러면 초보자와 다를 것 없이 사고를 내고, 오히려 더 큰 금액을 잃는다.

투자는 오래 했다고 해서 더 쉽고 편하게 할 수 있는 게 아니다. 아무리 오래 걸었다고 해서 살얼음판이 두꺼운 얼음판으로 바뀌지 않는다. 투자에서 완전히 은퇴할 때까지 계속해서 살얼음판 위를 걷는 것, 그게 투자의 본래 속성이다. 그걸 하지 못하면 어느 순간 큰돈을 잃게 된다.

결국 투자는 나를 속이는 눈치게임이다

주식이나 코인에 투자할 때 가장 중요한 것은 무엇일까? 투자 정보에 대해 더 많이 알면 투자에서 성공할 수 있을까? 지인이 얼마 전에 주식 투자를 시작했다. 주식 투자를 시작하면서 많은 공부를 했다. 유튜브를 찾아보고, 인터넷 강의 동영상도 찾아보았다. 그런 강의에서 공통적으로 하는 말이 있다고 한다. '좋은 주식을 사서 오래 들고 있으라'는 지침이다. 대부분의 주식 강사가 이렇게 말한다고 했다.

좋은 주식을 산 다음에 오래 들고 있을 때 큰 수익이 난다는 말은 맞는 얘기다. 그런데 이 말은 열심히 산에 오르면 정상에 오를 수 있다는 것과 같다. 열심히 산에 오르면 누구나 산에 오를 수 있다. 문제는 중간에 내려오는 것이다. 그런데 왜 사람들이 중간에 내려올까? 계속해서 오르면 정상에 오르지 못한다고 생각해서 내려오는 것이 아니다. 중간에 내려올 수밖에 없는 상황이 발생해서이다. 목이 마른데 물이 없어서, 먹을거리를 준비하지 못해서, 비가 와서, 탈진해서, 다쳐서 등등의 이유로 그만둔다. 등산에서 중요한 것은 정상을 향해서 나아가는 게 아니다. 중간에 포기해야만 하는 이유를 사전에 대비하는 것이다.

장기 투자를 어렵게 하는 가장 큰 이유는 무엇일까? 내 경험으로 투자에서 가장 어려운 것은 두 가지 경우다. 금융위기 같이 전체 시장이 끝없이 폭락하는 상황이 발생한 경우와 가진 주식이나 비트코인이 폭등하는 경우다.

시장 폭락에 대처하는 것은 어렵다. 자기가 투자한 주식 말고, 시장 전체가 무너질 때, 주식, 부동산, 기타 자산 가격이 모두 같이 폭락할 때는 정말 어렵다. 최근에는 2008년 금융위기와 2020년 3월, 코로나로 전 세계 자산 시장이 폭락했을 때 시장이 가장 침체기였다. 이런 시장에서 큰 수익을 얻을 수 있다는 사람도 있지만 그건 여유 자금이 많은 경우만이다. 여유 현금이 없는 사람, 여유 현금이 있다 하더라도 전체 투자 자산의 10% 정도만 있는 사람은 이때 지옥을 겪는다.

이와 같이 어려운 게 주식이 폭등하는 경우이다. 1년에 몇십 퍼센트 정도만 오른다면 얼마나 좋을까? 그런데 단기간에 몇 배가 솟을 때가 있다. 이렇게 비정상적으로 오르면 반드시 폭락하게 된다. 그 폭락이 언제 올지는 알 수 없다. 계속 가지고 있어야 하는가, 팔아야 하는가. 이때 판단을 잘못하면 큰 손실을 본다. 주식이 크게 올랐으니 진짜 손해를 본 것은 아니다. 얻을 수 있었던 이익이 날아가는 잠재적 손실일 뿐이다. 하지만 이때 정신적 타격은 실제 손실과 마찬가지다.

비트코인 투자도 마찬가지다. 비트코인이 몇십만 원, 몇백만 원 할 때, 1억 원 이상 갈 수 있다고 생각한 사람이 어느 정도 있었다. 비트코인이 좋은 투자처라는 것을 알아챈 사람이 괜찮게 있었다는 말이다.

그런데 비트코인으로 큰돈을 번 사람은 정말 드물다. 왜 그럴까? 비트코인이 자기가 산 가격에서 두세 배까지 오르는 것은 그대로 들고 있을 수 있다. 하지만 그 이상 오를 때 계속 들고 있는 것은 어렵다. 10배 올랐는데 팔지 않고 계속 들고 있는 것은 정말 어렵다. 100배 올랐는데도 계속 들고 있는 것은 더더욱 어렵다. 많은 사람이 비트코인을 사서 이익을 보기는 했다. 그러나 2017년에 100만 원 하던 비트코인이 1년 만에 2,000만 원을 넘어서서 20배 이상 오를 때, 중간에 팔지 않고 계속 들고 있는 것은 어려운 일이었다.

하지만 2017년 12월, 결국 그 등락에 견디지 못해 가지고 있던 비트코인의 반을 팔았다. 그리고 지금 비트코인이 1년 만에 8배 이상 오르는 폭등기에도 역시나 버티지 못하고 일부를 팔았다. 장기적으로 비트코인이 오를 거라 생각하면서도 버티지 못하고 판 것이다.

결국 투자에서 성공하기 위해 가장 필요한 것은 무엇일까? 수많은 투자 책이 보통 투자 지식에 대해 이야기한다. 어떤 주식이 좋은지, 어떤 투자처가 좋은지를 소개하고 설명한다. 하지만 나는 투자에서 지식이 큰 영향을 미치지 못한다고 생각한다. 물론 최소한 무엇이 좋은 주식이고 나쁜 주식인지, 무엇이 좋은 투자처이고 나쁜 투자처인지는 구별할 수 있어야 한다. 그러나 이런 지식이 아무리 많다 하더라도 수익을 내는 것과는 다른 이야기이다.

투자에서 정말로 필요한 것은 심리적인 측면이다. 폭락하는 장세에서 버티기, 폭등하는 장세에서 버티기, 그리고 돈의 무게에 지지 않기다. 내가 가진 주식이 정말 좋은 주식이고 앞으로 계속 오를 것이라고 아무리 잘 판단하면 뭐하나. 몇천만 원 수익 난 것에 즐거워하면서 주식을 팔면 그것으로 끝이다. 비트코인이 앞으로 계속 오를 것이라고 확신하면 뭐하나. 하루에 1억 원 오른 것에 손이 떨리면 비트코인을 가지고 있을 수 없다. 하루 1억 원 떨어졌을 때 패닉 상태가 되면 더는 비트코인에 투자하는 게 불가능하다. 물론 그런 심리적 패닉 상태에서도 계속 투자를 할 수도 있다. 이때는 자기 건강과 수명을 갉아 먹는다는 것을 느낄 수 있다. 이때는 정말 돈과 수명을 바꾸게 된다. 아무리 수익이 중요하다 해도, 수명에 영향을 주면서까지는 곤란하다.

5~10%의 수익을 얻기 위해서는 심리적 측면이 그리 중요하지 않다. 몇십 퍼센트의 수익도 심리적으로 혼란 없이 얻을 수 있다. 하지만 몇 배의 수익, 특히 10배 이상의 수익은 지식만으로는 안 된다. 심리적으로 단련되어 있지 않으면 버티지 못 한다.

어떻게 이런 심리를 단련할 수 있을까? 아무리 책을 읽고 자료를 찾고 공부를 해도 얻을 수 없는 부분이다. 실제 투자판에서 경험할 수밖에 없다. 세계금융위기와 경제위기를 겪으면서 계속 경험하고 버티는 수밖에 없다. 이런 건 시간이 필요하다. 투자판을 떠나지 않고 경험을 쌓는 것, 지금 당장 돈을 벌지 못하더라도 이 과정은 반드시 필요하다. 그래야 나중에 정말로 큰돈을 벌 기회가 왔을 때, 그 기회를 놓치지 않고 견딜 수 있다. 투자판을 떠나지 않고 계속 버티기. 계속되는 폭등과 폭락을 피하지 않고 계속 맞이하기. 그런 폭등과 폭락에 익숙해지고, 평소와 다름없는 투자를 할 수 있게 되기. 이게 안 된다면 평소에 아무리 잘해도 소용없다. 탁월한 투자가도 평정심을 잃는다면 한순간의 위기에 엄청난 돈을 잃을 수 있다. 폭락기와 폭등기에 안정적인 심리 상태를 만드는 것, 투자에서 성공하기 위한 가장 중요한 조건이다.

전 세계의 부호는 위기 속에서 등장했다

오랜 시간 투자를 해온 사람이라면 알 것이다. 한국에서 투자로 큰돈을 번 사람 가운데 많은 이가 금융위기를 기회로 돈을 벌었다는 사실을. 한국은 주기적으로, 경제위기를 겪었다. 대표적인 것이 1997년 IMF 사태와 2008년 세계금융위기다. 그리고 2020년 코로나도 경제위기를 야기했다.

1997년 IMF 때는 정말 힘들었다. 그 어떤 경제위기도 IMF 때와 비교할 수는 없을 정도이다. 그런데 한편으로는 이때 큰돈을 번 사람도 많다. 현재 한국에서 유명한 투자자 중 많은 사람이 이때 큰돈을 벌었다. 대표적인 사람이 미래에셋 박현주 회장이다. 투자자문사 중 하나였던 미래에셋은 IMF를 겨으면서 한국의 대표적인 금융회사로 자리잡았다.

IMF 때 돈을 번 사람들이 특별한 재능이 있었던 게 아니다. 당시 한국의 종합주가지수는 280까지 내려갔고, 은행 주식이 몇백 원대였다. 삼성전자 주식이 3만 원대까지 떨어졌다. 아무리 금융위기라지만 주식이 너무 내려갔다는 걸 많은 사람이 느꼈다.

이때 주식을 산 사람은 큰돈을 벌었다. 몇백 원까지 떨어졌던 은행주는 1년 만에 만 원 이상의 가격으로 회복했고, 어떤 주식을 사든 기본적으로 10배의 수익이 났다. 몇십 배의 수익은 기본이었고, 몇백 배 수익도 있었다. 평생 한 번 경험할까 말까한 대폭등이었다.

2008년 세계금융위기 때도 마찬가지다. 세계 경제가 얼어붙고 주가는 폭락하고 많은 사람이 망했다. 그런데 이때도 큰돈을 번 사람들이 나왔다. 2008년 금융위기 때는 종합주가지수가 2085대에서 892까지 떨어졌다. 이렇게 주가가 떨어졌을 때 주식을 산 사람은 큰 이익을 얻게 된다.

10년 간격으로 두 번의 금융위기를 겪을 때마다 사람들은 앞으로 다가올 금융위기를 준비하면 위기를 기회로 바꿀 수 있다는 걸 알게 되었다. 큰돈을 벌 수 있다는 책이 많이 나왔다. 경제 이론서에는 경제위기가 보통 10년에 한 번씩 찾아온다고 쓰여 있다. 설비 투자의 순환성 때문에 10년 주기로 불황이 발생한다는 주글라 순환 이론이다.

2008년 금융위기가 있었고, 여기서 10년 정도 지나면 또 다른 금융위기가 올 것이다. 많은 사람이 어려워지겠지만, 이때가 기회가 될 수 있다. 대폭락이 발생할 것이고, 다시 회복할 것이다. 이때 흐름을 타면 큰 수익을 얻을 수 있다. 2010년대 초반, 한국 경제는 계속 증가하는 부채로 불안했고, 앞으로 또 경제위기가 발생할 수 있다는 위기감이 증폭되었다.

이런 금융위기 때 오히려 큰 수익을 얻으려면 어떻게 해야 할까? 가장 중요한 것은 금융위기가 닥쳐왔을 때 망하지 않는 것이다. 이때 망하는 주된 이유는 빚으로 투자를 하기 때문이다. 레버리지를 이용해서 투자를 하면 금융위기 때 회생이 불가능하다. 금융위기 때는 모든 금융 상품이 폭락한다. 몇십 퍼센트가 떨어지고 50% 이상 폭락하는 것이 일상적인 상황이다. 레버리지를 쓰고 있으면 이때 모두 청산당한다.

두 번째 중요한 것은, 폭락한 주식을 살 수 있는 돈이 있어야 한다는 것이다. IMF 때 몇백 원까지 폭락한 금융 주식을 사지 않은 사람들이 바보였다고 비웃으면 안 된다. 많은 사람이 사야 한다고 생각했지만 문제는 살 돈이 없었다.

1929년, 대공황 때 미국 주식이 90% 이상 폭락했다. 세계 최고 자동차 회사의 주식이 몇 달러 수준이었다. 이 주식이 굉장히 싸다는 것, 지금 사면 분명 큰 이익을 얻을 거라는 것을 많은 사람이 알았다. 주식을 하는 사람만이 아니라 보통 사람도 알았다. 문제는 그걸 살 돈이 없었다는 것이다.

빚으로 투자를 한 사람은 모두 망했다. 자기 돈으로 투자한 사람은 망하지는 않았지만, 엄청난 손실을 입고, 가진 자산이 모두 이미 폭락한 주가에 물린 상태였다. 경제위기로 소득이 줄어서 먹고살기도 힘든데 따로 투자할 여력이 없다. 금융위기 때 큰 수익을 얻을 수 있느냐 아니냐는 이때 투자할 수 있느냐 여부에 달려 있다. 어려운 상황에서도 주식을 팔지 않고 계속 버틸 수 있는 여유가 있어야 한다. 그래야 나중에 가까스로 회복은 할 수 있다. 주식은 폭락했는데, 생활비가 없이 주식을 팔아야 한다면 역시 큰 손실을 얻고 끝난다.

세 번째는, 수익이 날 때 계속 들고 있는 것이다. 경제위기 이후 폭등기에 50% 수익을 얻고 그만두면 거기까지다. 아무리 주식이 10배 올라도, 두 배 올랐을 때 팔아 버리면 아무 소용없다.

2020년 코로나 때도 같은 현상이 벌어졌다. 2020년 봄, 경제는 마비되고 주가는 대폭락 했다. 빚으로 투자한 사람들은 이때 모두 청산된다. 3월 폭락했을 때 새로 구입할 수 있었던 사람은 큰 이익을 얻었다. 팔지 않고 이 위기를 넘긴 사람들은 그 후 폭등 장세의 이익을 누릴 수 있었다.

어떤 식으로든 경제위기가 올 것이라고 예상하고 그에 대비한 사람들은 이런 대폭락 시기가 왔을 때 큰 수익을 올릴 수 있다. 위기를 예상하지 않고 그냥 투자를 하면 이때 망한다. 경제위기는 10년 정도의 간극을 두고 온다. 이를 고려하지 않고 투자를 하다가 큰 어려움에 처한다.

경제위기를 고려하고 투자한다는 것은 별다른 것이 아니다. 빚을 내서 투자하지 않기, 항상 별도의 자금을 마련해 두기, 장기적으로 보기이다. 어떤 투자 책에서도 빚을 내서 투자하라고 하지 않는다. 어떤 투자 책에서도 가진 모든 재산을 주식에 넣지는 말라고 한다. 항상 별도의 현금을 가지고 있으라고 한다. 장기적인 관점을 유지하라는 것도 상식이다. 즉 투자에서 큰 수익을 얻기 위해서는 투자의 기본만 잘 지키면 되는 것이다.

'나는 망할 리가 없어'라고 생각하며 투자하는 것과 '나는 언제든 망할 수 있어'라는 생각으로 투자하는 것은 다르다. 경제위기가 올 리 없다고 생각하며 투자하는 것과 언제든 경제위기가 올 수 있다고 생각하며 투자하는 것은 다르다. 경제위기가 언제든 올 수 있다고 생각하면, 무모한 투자, 지나치게 공격적인 투자, 올인하는 투자는 할 수 없다. 이걸 소극적인 투자, 겁쟁이 투자라고 생각하면 곤란하다. 경제위기가 발생하면 이런 투자가가 큰 수익을 올린다.

2020년 코로나로 인한 경제위기가 있었다. 이제는 2030년에 또 다른 경제위기가 발생할 것이다. 그때 어떻게 할 것인가. 그것을 미리 준비하고 대비하느냐 여부에 따라 사람들의 재산 상태는 또 한번 변할 것이다.

주식 우등생의 오답노트 엿보기

어떻게 하면 투자에서 보다 나은 수익을 올릴 수 있을까? 지금보다 더 나은 수익을 올리는 방법은 이미 경영학 이론에 나와 있다.

경영학은 기업이 더 많은 이익을 얻기 위해서는 어떻게 해야 하는가를 다룬다. 이익을 더 올리기 위해서는 전략이 좋아야 하고, 매출이 증가해야 하고, 비용은 감소해야 한다. 어떻게 전략을 세워야 하는지, 어떻게 해야 매출이 증가하는지, 어떻게 하면 비용을 감소시킬 수 있는지에 대해 연구한다.

사람들은 경영은 기업을 대상으로 하는 것이기에 다른 분야에 적용하기 어렵다고 생각한다. 그렇지 않다. 개개인이 어떻게 발전할 수 있는지에 대한 여러 이론이 경영학에서 따온 것이다. 국가가 어떻게 하면 더 나아질 수 있는지에 대한 여러 이론도 경영학을 바탕으로 하고 있다.

당장 자기계발서에서 중시하는 목표를 세우라는 조언도 경영학에서 온 것이다. 경영학은 목표가 있는 기업이 더 실적이 좋다는 것을 보여주었다. 정부 활동의 판단 기준이 되는 비용편익분석도 경영학의 수익률 분석에서 온 것이다. 최소한 개선과 관련된 측면에서는 경영학 이론이 그 기본이다.

어떻게 하면 보다 더 나아질 수 있는가. 경영학이 제시하는 주요 원칙은 PDCA 이다. 'Plan(계획)-Do(행동)-Check(평가)-Act(개선)'이다. 하지만 개선된 이후에 멈추는 건 아니다. 개선을 위한 계획을 만들고, 이 개선 계획을 바탕으로 다시 행동을 하고, 평가, 개선을 한다. 제시된 주요 원칙을 무한 반복하는 것이다.

이 과정은 보다 나아지기 위한 기본 방법인 동시에 최선의 방법이다. 투자에서 수익을 올리는 것도 마찬가지다. '계획-행동-평가-개선'이 이루어지면 보다 나은 투자가 될 수 있다.

계획은 어떻게 투자를 하면 수익을 얻을 수 있는가에 대한 것이다. 앞으로 얼마를 벌어야지, 돈을 벌면 차를 바꾸고 집을 사야지, 1년에 50%의 수익을 올려야지 등의 것을 계획이라고 세우는 사람도 있다. 이런 건 계획이 아니라 목표다. 계획은 보다 구체적이고 실현 가능한 방법을 말한다. 1년에 20%의 수익을 올리는 것이 목적이라면, 어떻게 하면 1년에 20%의 수익을 올릴 수 있을까 하는 방법을 찾는 것이 계획이다. 차를 바꾸고 싶은 게 목표라면 어떻게 하면 차를 바꿀 수 있을까 하는 방법을 찾는 것이 계획이다. '주식으로 돈을 벌어야지'라고 하는 것도 계획이 아니다. 어떤 주식을 살 것인가라는 기준이 나와야 계획이다. 저 PER(주가수익비율)주를 사야지, 한달 사이에 20% 하락한 우량주를 사야지, 연 20% 계속 성장하는 주식을 사야지, 차트가 이동평균선을 넘어가는 종목을 사야지 등등으로 뭔가 구체적인 지침을 주고, 그 지침에 따라 실제 행동할 수 있도록 하는 것이 계획이다.

목표는 누구든 쉽게 세울 수 있다. 그런데 계획을 실행하는 것은 쉽지 않다. 계획을 하기 위해서는 공부가 필요하다.

처음부터 계획을 잘 짤 수는 없다. 그래서 PDCA에서는 완벽한 계획을 만들기 위해 열심히 노력하라고 하지 않는다. 자신이 공감할 수 있는 어느 정도 구체적인 방법이 나오기만 하면 된다. 이 계획은 앞으로 계속 수정·보완되어야 한다. 처음에는 저 PER주를 사야지라고 시작하더라도, 나중에는 저 PER주 중에서 10 이하, PBR은 1 이하, 부채 비율은 얼마 이하, 자본수익률은 얼마 이상 등등 여러 조건이 부가되는 식이다. 투자 경험이 많아질수록 계획은 점차 정교해질 것이다.

계획이 구체화되면 그에 따라 실행해야 한다. 계획대로 해보는 것이다. 계획대로 진행하면 결과가 나온다. 일단 계획대로 정말로 내가 실행할 수 있는지 아닌지를 알 수 있고, 계획대로 했을 때 정말로 수익이 생기는지 아닌지, 수익이 생긴다면 어느 정도 생기는지 실적이 나온다. 계획은 항상 밝은 미래를 기약한다. 하지만 직접 실행해 보면 대부분 계획만으로 별다른 수익을 내지 못한다는 것을 알게 된다. 투자로 큰 이익을 얻은 사람이 소개한 계획이었고, 그 계획대로 실행했는데도 결과가 만족스러운 경우는 거의 없다. 그렇다고 해서 그를 사기꾼으로 몰거나, 계획 자체가 잘못된 것이라고 생각해서는 곤란하다. 류현진이 공 던지는 법을 가르쳐 줬다고 해서 누구든지 류현진 같은 투수가 되는 것은 아니다.

실행한 다음에는 평가를 해야 한다. 평가는 계획이 좋다 나쁘다가 아니다. 계획이 제대로 실적을 냈는지에 관해 분석하는 것이다. 계획에 문제가 있는 것인지, 실행에 문제가 있는 것인지, 계획했을 때 간과한 부분이 무엇인지를 찾는 과정이다. 사실 투자 부문에서는 이 평가는 매우 쉽다. 실적은 플러스인지 마이너스인지 바로 알 수 있고, 그 원인도 쉽게 알 수 있다. 주식이 떨어졌으면, 내가 고려하지 않은 어떤 부분에 의해서 떨어졌는지 쉽게 판단할 수 있다.

그 평가 결과에 따라 개선이 이루어진다. 평가 결과에 따라 내가 어떻게 해야 하는지에 대한 지침을 만들 수 있다. 내가 어떻게 할 수 없는 부분이라면, 감수하고 받아들인다고 결정할 수도 있다. 경제위기로 인한 대폭락을 피할 수 있는 방법이 보이지 않는다면, 대폭락기는 그냥 정면으로 맞고 참고 견딘다라는 식으로 개선 방안을 만들 수도 있다.

지침이나 개선 방안을 만들면 이를 반영해서 새로운 계획을 세운다. 그 계획을 실행하고, 그에 따른 결과를 평가한다. 그 평가에 따라 새로 개선하고 다시 계획을 세운다. 이 과정을 계속하면, 언젠가는 자신에게 맞는 투자 방안을 만들 수 있다.

PDCA 방안은 간단하다. 누구나 쉽게 이해할 수 있다. 너무나 당연해 보여서 사람들은 별다른 관심을 보이지 않는다. 그런데 막상 PDCA를 실행하는 사람은 거의 없다. 이건 수험 준비를 할 때 오답노트를 만드는 것과 비슷하다. 오답노트를 만들어서 틀린 부분을 검토하고 확인하면 다음에는 틀리지 않을 수 있다. 그런데 막상 오답노트를 만들고 틀린 것을 공부하는 사람은 거의 없다. 오답노트는 우등생만 한다. 우등생이라서 오답노트를 만드는 것이 아니다. 오답노트를 만들어서 우등생이 되는 것이다. PDCA를 계속 실행하면 투자의 우등생이 된다. 투자에서 수익을 올릴 수 있다.

투자란 어떻게 살아갈지를 고민하는 것

입대하고 나서, 훈련소를 나갈 때쯤 집에 전화를 걸었다. 그때 난 이렇게 말했다.

"이제 훈련소에서 나가면 고생 끝이다."

정말 군대에 대해서 아무것도 몰랐다. 훈련소에서는 매일매일 얼차려를 했다. 이제 훈련소만 나가면 더는 기합을 안 받을 거라 생각했다. 그러나 훈련소는 맛보기일 뿐이었다. 자대 배치를 받으면, 그때부터가 군대 생활의 시작이었다. 자대 생활을 하다 보면, 훈련소가 낭만 있는 곳이었다는 것을 알게 된다.

고등학교 때는 대학만 들어가면 모든 문제가 해결될 것

같았다. 대학 때는 졸업하고 취업만 하면 고민이 풀릴 것 같았다. 대학원 때는 석사만 받으면 괜찮아질 거라 믿었다. 박사과정 때는 박사 학위만 따면 모든 문제가 해결될 것 같았다. 그런데 막상 대학에 들어가면 또 다른 고민이 시작되고, 대학원을 가면 대학원의 고민이 시작된다. 취업을 하면 근로자로서의 고민이 시작된다. 여자친구만 생기면 될 거 같은데 여자친구가 생기면 그때부터 새로운 고민이 고개를 든다. 결혼을 하면 그때부터 새로운 문제가 시작된다.

우리는 새로운 세계에 진입하면 모든 문제가 해결될 거라 생각한다. 그런데 환경이 달라진다고 해서 고민이 사라지지는 않는다. 이전의 고민이 해결되는 동시에 새로운 고민이 나타난다. 이전에 알지 못했던 새로운 고민이 나오고, 결국 고민의 양과 질은 별 차이가 없게 된다.

직장을 그만두면 신세계가 펼쳐질 줄 알았다. 다른 이유라면 모를까, 경제적 자유를 얻고 직장을 그만두는데 무슨 문제가 있을까? 그런데 아무리 봐도 지금 내 생활은 달라지지 않았다. 싫어하는 일을 더는 하지 않는다는 점에서는 분명 나아졌다. 그러나 일을 하지 않는 것은 아니다. 오히려 이전보다 더 열심히 일하는 것 같다. 이전에는 직장에서 주어지는 일과 하고 싶은 일이 명확해서 업무가 어렵다거나 힘들다는 변명을 할 수 있었는데, 더는 그럴 수도 없다. 이제는 온전히 내 책임이다. 일에 관한 스트레스가 더 쌓인다.

충분한 금융 자산이 마련되면 고민 없이 살 수 있을 거라 생각했다. 이자만으로 생활비를 충당할 수 있었다면 돈에 대한 고민이 없을 수도 있다. 하지만 지금 내가 가진 돈의 이자만으로는 생활비가 충당되지 않는다. 그리고 그동안 지속적으로 투자해 왔는데, 투자를 그만두고 은행에 예금 이자로 생활을 하라는 것은 말이 안 된다.

여전히 모아둔 돈의 일부를 지속적으로 투자에 사용하고 있다. 난 기본적으로 장기 투자를 한다. 매일매일 차트를 바라보면서 사고팔지 않는다. 그냥 가만히 두고만 있는데도 힘들다. 투자금 자체가 크다 보니 주식과 비트코인이 오르내릴 때마다 금액이 엄청나다. 총액 기준으로 하루에 몇천만 원씩 움직이는 것은 기본이다. 계속해서 하루 몇 퍼센트 하락하는 폭락장이 닥치고 그러면 억대의 돈이 움직인다.

회사를 그만두기로 한 후 지금까지 반년도 지나지 않았다. 그사이 최대 금액과 최소 금액의 차이가 8억 원이다. 한 달을 기준으로 했을 때 항상 1억 원이 왔다 갔다 한다. 몇 달에 한 번씩 2~3억이 떨어지는 경험을 한다. 주식, 비트코인이 움직이는 한 달 사이에 최고가에서 팔아서 최저가에서 사는 기술만 있다면 난 한 달에 1억 원은 벌 수 있다. 크게 폭락하는 것만 미리 알아채면 몇 달에 한 번 몇억 원을 벌 수 있다. 그런데 그런 변동을 미리 예측할 수 없다. 그 모든 변동을 받아들여야만 한다. 며칠 사이에 몇억 원이 떨어지는 경험을 한두 달에 한 번씩 하고 있으니 정신건강에 좋지 않다. 100억 원을 굴리는 사람, 몇백 억을 굴리는 사람은 변동 금액이 나보다 훨씬 클텐데 이 충격을 어떻게 감당하고 사는지 모르겠다.

그래도 계속 나아지고 있다고 생각한다. 처음 주식을 샀을 때, 하루 10만 원 오르는 것에 정신을 차리지 못했다. 몇백만 원의 수익을 얻으면 바로 팔아 버리기도 했다. 당장 2017년 비트코인 폭등기에도, 며칠 사이에 1억 원의 돈이 왔다 갔다 하는 것을 버티지 못해서 비트코인의 절반을 팔았다. 그 후 4년이 지났을 뿐이다. 그런데 이제는 한 달에 한번 1억 원이 왔다 갔다 하는데도 그냥 지켜보고 있다. 며칠 사이 4억 원이 떨어졌는데도 속상해할 뿐 그냥 가지고 있다. 이걸 보면 조금씩 나아지고 있다는 걸 실감한다.

나는 10년 전이나 지금이나 똑같다. 이런 생활은 앞으로도 크게 변할 것 같지 않다. 투자도 앞으로 계속 할 것이다. 돈이 더 많다고 해서 투자를 그만두지는 않을 것이다. 그리고 투자를 한다는 건 기본적으로 불확실성 아래 살아간다는 것이다. 언제 어떻게 될지 모르는 것이 투자의 속성이다. 그리고 사회 환경의 변화에 가장 크게 영향을 받는 것이 투자이다. 글을 쓰고 책을 읽고만 한다면 세상에서 멀어질 수 있지만, 투자를 하는 한 그게 그렇게 되지 않는다.

이 사회의 불확실성을 견디는 것, 버티는 것, 어떻게 살아갈지를 고민하는 것. 결국 그것이 투자라 생각한다. 그리고 이 모든 건 단기간에 마무리되는 것이 아니라 평생 지속되는 것이다. 투자는 결국 삶의 방법, 살아가는 방식이 아닐까.

2021년 12월
저자 씀

50억 벌어
교수직도 던진
최성락 투자법

초판 1쇄 발행	2021년 12월 31일
초판 3쇄 발행	2024년 05월 30일
지은이	최성락
펴낸이	최용범

편집기획	윤소진, 박호진, 예진수
디자인	김태호, 조아름
마케팅	김학래
관리	강은선
인쇄	㈜다온피앤피

펴낸곳	페이퍼로드 paperroad
출판등록	제2024-000031호(2002년 8월 7일)
주소	서울시 관악구 보라매로5가길 7 1309호
이메일	book@paperroad.net
페이스북	www.facebook.com/paperroadbook
전화	(02)326-0328
팩스	(02)335-0334
ISBN	979-11-90475-98-3(03320)